I0567773

# BESTACTIVITYBOOKS.COM

Descobrir Jogos Online Grátis

Disponível Aqui:

**BestActivityBooks.com/FREEGAMES**

# 5 DICAS PARA COMEÇAR

## 1) CÓMO RESOLVER LAS SOPA DE LETRAS

Os puzzles têm um formato clássico:

- As palavras estão escondidas sem espaços ou hífenes,...
- Orientação: As palavras podem ser escritas para a frente, para trás, para cima, para baixo ou na diagonal (podem ser invertidas).
- As palavras podem sobrepor-se ou intersectar-se.

## 2) APRENDIZAGEM ACTIVA

Ao lado de cada palavra há um espaço para anotar a tradução. Para encorajar a aprendizagem activa, um **DICIONÁRIO** no final desta edição permitir-lhe-á verificar e expandir os seus conhecimentos. Procure e anote as traduções, encontre-as no puzzle e adicione-as ao seu vocabulário!

## 3) MARCAR AS PALAVRAS

Pode inventar o seu próprio sistema de marcação - talvez já use um? Pode também, por exemplo, marcar palavras difíceis de encontrar com uma cruz, palavras favoritas com uma estrela, palavras novas com um triângulo, palavras raras com um diamante, e assim por diante.

## 4) ESTRUTURANDO A APRENDIZAGEM

Esta edição oferece um **CADERNO DE NOTAS** prático no final do livro. Nas férias, em viagem ou em casa, pode facilmente organizar os seus novos conhecimentos sem a necessidade de um segundo caderno!

## 5) JÁ TERMINOU TODAS AS GRELHAS?

Nas últimas páginas deste livro, na secção **DESAFIO FINAL**, encontrará um jogo gratuito!

**Rápido e fácil!** Consulte a nossa colecção de livros de actividades para o seu próximo momento de diversão e **aprendizagem**, a apenas um clique de distância!

Encontre o seu próximo desafio em:

BestActivityBooks.com/MeuProximoLivro

# Aos vossos lugares, preparem-se...Vão!

Sabia que existem cerca de 7.000 línguas diferentes no mundo? As palavras são preciosas.

Adoramos línguas e temos trabalhado arduamente para criar livros da mais alta qualidade para si. Os nossos ingredientes?

Uma selecção de tópicos adequados à aprendizagem, três boas porções de entretenimento, e depois acrescentamos uma colherada de palavras difíceis e uma pitada de palavras raras. Servimo-los com amor e máximo divertimento, para que possa resolver os melhores jogos de palavras e se divirta a aprender!

-------

A sua opinião é essencial. Pode participar activamente no sucesso deste livro, deixando-nos um comentário. Gostaríamos de saber o que mais lhe agradou nesta edição.

Aqui está um link rápido para a sua página de encomendas:

## BestBooksActivity.com/Avaliacoes50

Obrigado pela vossa ajuda e divirtam-se!

*A Equipa Inteira*

# 1 - Dirigindo

| | | | | | | | | | | | | | | |
|---|---|---|---|---|---|---|---|---|---|---|---|---|---|---|
| ة | ن | ئ | ا | ج | ح | ا | د | ث | ر | خ | ك | ف | و | ث |
| س | ف | إ | ل | ل | ر | خ | ر | ي | ط | ة | ر | ط | إ | ب |
| ا | ق | ي | ح | غ | ش | ش | ا | ر | ع | ط | ا | ك | ذ | ذ |
| ي | ص | خ | ذ | ك | ت | إ | ج | ذ | ض | ر | ج | م | و | ح |
| ز | ى | ا | ر | ر | خ | ص | ة | آ | و | ش | ل | خ | ف | د |
| ؤ | ز | ئ | ض | ح | ع | ا | ن | ة | ن | س | ر | ظ | ط | ة |
| س | ق | س | ؤ | م | ش | إ | ا | س | ش | ن | د | ش | ؤ | ي |
| ص | ث | ت | ي | م | ذ | ن | ر | ل | ق | ن | ل | ا | إ | ظ |
| خ | ث | ئ | ل | ز | ط | ر | ي | ق | ص | م | ى | ع | ص | ا |
| ظ | د | ا | و | ث | ط | س | ة | ز | ر | أ | خ | ق | ف | ر |
| ر | و | ر | م | ل | ا | ة | ك | ر | ح | ل | م | ا | ر | ف |
| ؤ | ق | إ | ئ | ح | ث | ن | ع | د | ق | غ | ت | ص | ش | ب |
| ل | و | ى | ي | ق | ذ | و | ل | ئ | ش | ش | م | ذ | غ | ئ |
| ن | ض | إ | د | ح | ة | ر | ا | ي | س | و | س | ا | و | ك |
| س | ة | ر | س | ك | ن | ل | ث | خ | ؤ | ش | ز | ف | ص | ى |

دراجة نارية
محرك
المشاة
خطر
شرطة
شارع
أمن
النقل
حركة المرور
نفق

حادث
سيارة
وقود
الحذر
طريق
فرامل
كراج
غاز
رخصة
خريطة

# 2 - Antiguidades

| | | | | | | | | | | | | | | |
|---|---|---|---|---|---|---|---|---|---|---|---|---|---|---|
| ا | ظ | ش | غ | ي | ط | ك | ة | ة | م | ث | ر | ن | م | ط |
| ي | ل | ص | أ | د | ؤ | ف | خ | ب | ت | ع | ا | ش | ي | ط |
| ا | ي | ن | ص | خ | ث | ذ | ج | ى | ح | ئ | ح | ع | د | ث |
| د | ج | ف | ح | ف | ؤ | خ | ف | ب | م | ن | ع | ح | ق | و |
| غ | ي | ج | ج | ت | ا | و | ج | ض | س | ع | ق | ا | ع | ص |
| ي | ع | و | م | ظ | ة | ب | ض | ش | ص | ض | و | ل | م | ث |
| ر | ق | د | ق | ك | ض | د | ي | ك | و | ر | د | ق | ل | ز |
| ع | ز | ة | ك | ى | ا | ى | ا | ر | ق | ز | د | ي | ا | ن |
| ا | ذ | ق | ن | ئ | ي | ن | ل | ع | د | ا | ز | م | ت | ط |
| د | م | ي | ا | ث | ق | ل | ؤ | ل | ت | آ | ض | ة | م | أ |
| ي | ث | ع | م | ح | ل | ص | ي | ة | ؤ | س | ؤ | أ | ع | ن |
| إ | ص | ع | ر | ا | م | ث | ت | س | ا | و | ا | ث | د | ي |
| ق | ر | ن | ة | ض | ض | م | ي | ش | ف | ذ | ض | ا | ن | ق |
| ث | ص | ش | ج | ئ | و | ن | ح | ع | ط | ع | د | ث | ي | إ |
| ع | ط | م | ذ | ش | ا | ؤ | ز | ق | آ | ة | ا | ف | ة | ع |

استثمار
مزاد علني
أثاث
عملات معدنية
ثمن
جودة
استعادة
قرن
القيمة
قديم

فن
أصلي
ديكور
عقود
أنيق
متحمس
النحت
نمط
معرض
غير عادي

# 3 - Churrascos

| | | | | | | | | | | | | | | |
|---|---|---|---|---|---|---|---|---|---|---|---|---|---|---|
| ا | ل | س | ل | ط | ا | ت | ص | ل | ص | ة | ج | د | ع | ز |
| س | ر | ر | ر | ب | ب | ذ | غ | ئ | ط | ر | ش | ص | ب | ة |
| ى | ظ | ش | ح | ؤ | ة | ة | ص | ص | ب | س | ز | ى | ر | ق |
| ت | ظ | س | س | ب | ى | م | ى | ز | ق | أ | آ | و | ظ | غ |
| ف | ش | ب | ا | ب | ق | ت | ة | آ | ئ | ة | ح | غ | آ | ة |
| ش | إ | ؤ | د | ن | ي | ك | ا | ك | س | ح | ط | ب | م | غ |
| د | ج | ا | ج | ع | س | ف | ل | ف | ل | ا | ح | ع | ض | د |
| ة | ك | ض | ر | و | و | ئ | د | ا | ج | ر | ظ | إ | ح | ا |
| ف | ق | ث | س | غ | م | ة | أ | خ | ض | ر | و | ا | ت | ء |
| ث | ا | ص | ي | ف | ئ | د | ل | ق | ز | ت | ث | ة | ع | ب |
| آ | ح | ك | ة | ث | ش | غ | ع | ح | ج | ش | خ | ى | ش | م |
| ك | ئ | ذ | ه | ى | م | ز | ا | ع | ة | ع | و | ج | ا | ل |
| ؤ | ش | ف | ة | ة | ا | ف | ب | ص | ئ | د | ظ | ا | ء | ح |
| ط | م | ا | ط | م | ا | ل | أ | ط | ف | ا | ل | خ | ي | ة |
| س | ج | م | ؤ | ج | ر | ض | م | غ | ي | ع | ة | م | ض | ة |

ألعاب
خضروات
صلصة
موسيقى
فلفل
حار
ملح
السلطات
طماطم
صيف

غداء
دعوة
الأطفال
سكاكين
أسرة
جوع
دجاج
فاكهة
شواية
عشاء

# 4 - Geologia

| | | | | | | | | | | | | | | |
|---|---|---|---|---|---|---|---|---|---|---|---|---|---|---|
| آ | ا | ا | ر | ذ | ا | ل | م | ر | ج | ا | ن | ن | ع | ى |
| س | ع | ل | ل | ك | آ | ت | م | ت | ل | ت | ا | ر | و | د |
| ط | م | ص | ا | ت | ن | ئ | ح | ك | ة | ك | ز | ش | غ | ذ |
| ق | ل | و | ة | ق | ب | ط | ل | ة | ر | ظ | ل | ط | ظ | س |
| ن | ح | ا | آ | ز | ف | س | ا | ب | ا | ظ | ز | ظ | ك | ذ |
| ر | ي | ع | و | ط | ي | ى | ج | ض | ق | خ | ا | ز | ض | ت |
| ج | م | د | ش | و | ث | ذ | ح | ه | ي | ف | ل | ئ | ف | س |
| س | م | ا | م | ؤ | ب | د | ث | ى | ؤ | ة | ي | ر | ف | ح |
| ل | د | ل | آ | ت | ف | ع | ذ | ث | ة | د | ة | ض | و | خ |
| ظ | ح | م | ف | ئ | م | ص | ط | ك | ح | د | و | ب | ة | ك |
| ع | ر | ع | و | ز | غ | ة | ج | ن | خ | ض | خ | ت | غ | ص |
| إ | ض | ا | م | ص | ف | ه | ك | د | ز | ز | ض | ظ | ع | ي |
| ت | ظ | د | ح | إ | ف | خ | ض | ة | م | م | ا | آ | ظ | ل |
| ث | ق | ن | إ | ى | ؤ | ر | ج | ح | ح | ر | ل | ف | ا | ى |
| ظ | إ | آ | ة | ق | ط | ن | م | ب | ل | و | ر | ا | ت | ى |

حفرية
الحمم
المعادن
حجر
هضبة
مرو
ملح
زلزال
بركان
منطقة

حمض
طبقة
كهف
الكلسيوم
دورات
قارة
المرجان
بلورات
تآكل
الصواعد

# 5 - Ética

| | | | | | | | | | | | | | | |
|---|---|---|---|---|---|---|---|---|---|---|---|---|---|---|
| ر | ح | ؤ | ي | خ | ا | ل | ق | ي | م | خ | ض | خ | إ | ت |
| ح | ي | س | ا | م | و | ل | ب | د | ح | غ | ح | ظ | ع | م |
| ئ | ط | ح | ق | ي | ب | ى | إ | ط | ت | ث | م | ا | ع | ا |
| ة | ف | س | ل | ف | ة | ش | ز | ن | ر | ر | و | ق | ل | ب |
| ي | ط | ق | د | ص | ل | ا | إ | ى | م | ن | و | ن | ت | ع |
| ع | ل | ط | ذ | ا | ث | ت | ف | ا | ؤ | ل | ز | ي | س | ى |
| ق | ل | ح | ر | ة | ب | ح | إ | ن | س | ا | ن | ي | ة | ظ |
| ا | ا | ر | ا | ث | ي | إ | ق | ص | ه | ف | ت | س | س | ف |
| و | ف | ك | خ | ك | ر | ا | م | ة | ذ | ع | ط | ا | ع | ر |
| ل | إ | ط | ظ | ل | م | ص | غ | م | ي | ل | ذ | ر | ب | ص |
| ا | ز | د | ع | ئ | ئ | ش | م | ك | ت | س | ن | ك | ط | ؤ |
| ز | ا | ا | ل | ت | س | ا | م | ح | ق | ص | ع | ف | ب | ج |
| ر | ش | ة | ي | ش | إ | ج | ق | ف | ب | ب | ع | ط | ة | ل |
| ا | ل | ف | ر | د | ي | ة | ي | ن | ا | ل | ق | ع | ل | ا |
| ط | س | ش | ف | ئ | ذ | ص | ج | ح | ى | ب | ع | ث | ل | ة |

النزاهة
تفاؤل
صبر
العقلانية
معقول
الواقعية
محترم
حكمة
التسامح
القيم

إيثار
اللطف
عطف
تعاون
كرامة
دبلوماسي
فلسفة
الصدق
إنسانية
الفردية

# 6 - Tempo

| | | | | | | | | | | | | | | |
|---|---|---|---|---|---|---|---|---|---|---|---|---|---|---|
| آ | ب | ز | ر | إ | س | ز | أ | ف | ى | ي | د | ؤ | ئ | ت |
| ش | ث | ة | ض | م | ا | س | ن | ن | ض | ق | ئ | م | ح | ق |
| ج | ذ | ق | ب | ل | ب | ا | ل | ل | ي | ل | ن | ف | س | و |
| ث | ي | و | م | و | ل | إ | ط | ق | ة | ي | م | ئ | ح | ي |
| ة | ط | ا | ع | ا | ح | آ | ة | س | ن | ر | ه | ش | س | م |
| ر | ض | ح | غ | ؤ | ظ | ط | ن | ر | ق | ح | ك | ج | ن | ي |
| ي | ؤ | د | ى | ز | ة | د | ق | ع | ل | ا | ظ | خ | و | ب |
| ه | ش | ة | ع | ؤ | ن | د | ز | غ | ب | ب | غ | ذ | ي | إ |
| ظ | ا | ة | ع | ا | س | س | ض | ظ | ق | ص | ل | ز | ح | ر |
| ل | ض | ي | ت | ص | ح | س | ر | س | ت | ط | ق | ذ | ا | خ |
| ا | ة | ل | ب | غ | ث | ل | ا | ن | س | ف | خ | م | ل | آ |
| ت | ن | آ | ل | ا | ل | ج | ن | ص | م | ص | ئ | س | ي | ا |
| ق | س | م | أ | إ | ي | ف | ف | ؤ | ق | غ | ؤ | ي | و | ر |
| و | ق | غ | ك | ؤ | ف | آ | ي | خ | ا | ذ | ر | و | م | ن |
| د | ق | ذ | د | ظ | ق | ص | ظ | ش | و | ى | ن | ؤ | د | ع |

صباح
وقت الظهيرة
شهر
دقيقة
لحظة
الليل
أمس
الماضي
أسبوع
قرن

الآن
سنة
قبل
سنوي
تقويم
العقد
يوم
مستقبل
اليوم
ساعة

# 7 - Astronomia

| | | | | | | | | | | | | | | |
|---|---|---|---|---|---|---|---|---|---|---|---|---|---|---|
| ؤ | ر | ئ | ط | ص | آ | ق | ف | إ | ف | و | س | ك | ا | ش |
| س | ا | س | ر | و | ا | ل | ا | ع | ت | د | ا | ل | م | ظ |
| ح | ئ | د | أ | ي | ك | ب | ج | ن | ك | س | ك | س | ل | ف |
| س | د | ي | ر | ي | م | ص | آ | ث | ذ | و | ي | ة | ا | ا |
| م | ف | م | ض | ر | ن | س | ض | ص | ي | ث | إ | ة | ع | ك |
| ا | ض | ج | ا | ذ | ب | ي | ة | ك | ت | آ | غ | ض | ئ | ب |
| ء | ا | د | ف | ص | ك | ز | ب | آ | ؤ | ة | غ | ث | ح | ض |
| خ | ء | ي | و | ظ | و | ن | ك | ن | ع | خ | ئ | ص | س | آ |
| ن | و | ك | ن | ى | ك | ص | و | ت | س | ذ | و | إ | ث | ى |
| د | ر | ع | ر | ق | ؤ | ف | ك | ن | ص | ئ | إ | ق | س | ج |
| ث | ئ | ن | ب | م | ز | ا | ح | د | ك | ز | ي | ن | ع | ر |
| ف | ث | ش | و | ظ | س | ظ | ى | ئ | ؤ | خ | و | ر | ا | ص |
| ج | ن | س | س | ط | د | ئ | ص | ث | د | ص | ر | م | ع | ث |
| ظ | ز | ج | ف | د | ص | س | ذ | و | د | ي | ج | ق | ش | ع |
| ع | ئ | ت | آ | م | ط | إ | ث | آ | غ | غ | ض | ز | إ | ق |

قمر
نيزك
سديم
مرصد
كوكب
إشعاع
شمسي
سوبرنوفا
أرض
كون

الكويكب
رائد فضاء
فلكي
سماء
كوكبة
عالم
كسوف
الاعتدال
صاروخ
جاذبية

# 8 - Acampamento

| | | | | | | | | | | | | | | |
|---|---|---|---|---|---|---|---|---|---|---|---|---|---|---|
| إ | آ | ر | ي | ط | ق | إ | ف | م | خ | ئ | ب | ص | ؤ | ظ |
| ث | ا | غ | ب | ث | ة | آ | ى | آ | ي | ل | ت | ب | ي | ق |
| ش | غ | ح | ق | ر | و | ز | ل | ا | م | غ | ض | ح | ى | ك |
| ج | ي | خ | م | ى | ف | ك | ذ | ك | ة | ا | ذ | ي | ف | خ |
| ث | غ | ة | ر | م | ا | غ | م | ج | ؤ | ل | ج | ر | ر | ئ |
| ش | د | خ | ت | ا | د | ع | م | ب | ي | م | ب | ة | إ | ن |
| ش | ا | إ | ى | ض | ج | ب | ظ | ل | ش | ق | ئ | ح | ص | ز |
| ي | و | ظ | ج | ف | ف | ش | ث | ص | م | ص | و | خ | ف | ك |
| غ | ا | ب | ة | ر | ش | ح | أ | ب | ح | و | ف | ب | ة | خ |
| ر | ث | ل | ذ | خ | ت | إ | ر | ل | ع | ر | إ | إ | ظ | ر |
| ز | ق | ر | ق | ة | ا | د | ش | ذ | ا | ة | ع | ب | ق | ي |
| ا | ل | ص | ي | د | أ | ر | ج | و | ح | ة | ع | ي | ب | ط |
| ي | ل | ذ | ج | ن | ر | ظ | ذ | ر | ر | س | ف | ل | ق | ة |
| ر | ب | آ | ص | ت | ا | ن | ا | و | ي | ح | ل | ا | د | ذ |
| ذ | ظ | ئ | إ | س | ح | ر | ب | و | ص | ل | ة | ر | ئ | إ |

الحيوانات
مغامرة
الأشجار
بوصلة
المقصورة
الصيد
الزورق
قبعة
حبل
معدات

غابة
نار
حشرة
بحيرة
قمر
أرجوحة
خريطة
جبل
طبيعة
خيمة

# 9 - Ficção Científica

| | | | | | | | | | | | | | | |
|---|---|---|---|---|---|---|---|---|---|---|---|---|---|---|
| ا | ل | ك | ت | ب | س | س | ض | ا | ة | ي | ن | ق | ت | م |
| ي | ح | و | ع | ض | ي | ق | م | ل | و | ر | ث | ش | ئ | ي |
| ب | ح | ي | ذ | و | ن | ن | ا | ر | د | ذ | ئ | ز | ط | ص |
| و | د | ؤ | ك | ه | م | س | غ | و | ص | ي | ع | ق | ا | و |
| ت | ط | ح | غ | م | ا | ج | ي | ب | ش | ب | ؤ | ل | د | غ |
| و | ك | س | ر | ي | ل | و | ح | و | ق | ي | ل | ص | ك | ا |
| ي | آ | خ | ص | ك | خ | و | ص | ت | ظ | ح | ض | ئ | ل | م |
| ج | إ | و | ى | ت | ا | ر | خ | ا | ذ | س | ث | ع | ش | س |
| ي | ذ | ن | ح | ز | س | ق | ؤ | ت | ب | ح | ا | ئ | ك | ت |
| ز | ي | ك | ب | ج | ن | د | ص | ج | ت | ل | ل | ا | ت | ق |
| م | ص | ؤ | ب | س | ت | و | ت | خ | م | ت | ط | ر | ف | ب |
| م | ث | ع | ئ | ل | س | ه | ك | ي | ب | ك | و | ك | آ | ل |
| ر | ا | ج | ف | ن | ا | م | ة | خ | ق | ش | ا | ئ | ك | ي |
| د | ئ | ط | ق | ق | إ | ئ | ش | ح | ك | ظ | ذ | ر | ق | ة |
| إ | س | ل | ئ | ر | ض | ز | ش | ط | ؤ | ة | م | ط | ي | ح |

ذري
سينما
استنساخ
بعيد
انفجار
متطرف
رائع
نار
مستقبلية
وهم

وهمي
الكتب
غامض
العالمية
وحي
كوكب
واقعي
الروبوتات
تقنية
يوتوبيا

# 10 - Mitologia

| | | | | | | | | | | | | | | |
|---|---|---|---|---|---|---|---|---|---|---|---|---|---|---|
| ا | ؤ | ث | ت | خ | ظ | ئ | إ | ا | إ | ل | ك | ا | غ | م |
| ن | ر | ا | ق | ث | ل | ط | ب | ذ | غ | ق | و | ل | خ | م |
| ت | ق | ل | ص | ا | ذ | و | و | ش | ع | ى | ل | غ | ب | ي |
| ق | ن | م | ت | م | ف | ش | د | ع | ر | ن | س | ي | ر | ت |
| ا | ز | ع | ي | ا | آ | ة | ر | و | ط | س | أ | ر | ق | ت |
| م | و | ت | ع | م | ي | و | ت | خ | ب | خ | إ | ة | ض | د |
| غ | س | ق | ن | ط | ق | ق | ث | ص | س | ة | ة | ز | ز | ى |
| ث | م | د | غ | ظ | ث | ئ | و | ظ | ث | ح | ر | ك | ج | ز |
| ك | س | ا | ف | ف | خ | د | ط | ج | س | ب | ر | ا | ح | م |
| م | ح | ت | ة | م | إ | ب | ص | ذ | د | ح | ظ | ي | ق | ب |
| ت | ر | آ | د | ز | خ | ذ | ص | ف | ب | ى | و | ل | ى | ل |
| ا | ض | ظ | ح | خ | ل | ح | د | ؤ | ط | خ | ف | ح | ظ | ش |
| ه | م | غ | إ | خ | ق | م | ط | ح | ل | ن | و | ف | غ | ت |
| ة | س | ك | ؤ | ن | ق | ن | ؤ | ج | ة | ث | ر | ا | ك | ض |
| ش | خ | و | ظ | ا | غ | ط | ب | ت | ض | ا | ز | ف | ش | ا |

بطل
خلود
متاهة
أسطورة
سحري
مسخ
مميت
برق
رعد
انتقام

الغيرة
سلوك
المعتقدات
خلق
مخلوق
ثقافة
كارثة
قوة
محارب
بطلة

# 11 - Medições

| | | | | | | | | | | | | | | |
|---|---|---|---|---|---|---|---|---|---|---|---|---|---|---|
| خ | ت | ت | ئ | ذ | ف | م | ض | ف | ض | ي | ز | ن | ث | ة |
| ب | ا | ي | ت | ن | و | ز | ن | د | ر | ج | ة | ص | و | ب |
| ح | ة | ر | ت | م | ك | ر | ك | ت | ع | ح | ق | ك | ظ | خ |
| إ | ا | ش | ف | ب | س | ت | ظ | ي | ج | ك | ي | ث | ا | ذ |
| ى | ج | ع | ك | ث | ف | م | ل | د | ل | و | ق | ى | ل | د |
| غ | ر | ا | م | ل | ف | و | ح | ة | ص | و | د | ص | ط | م |
| ر | ك | ي | خ | س | ر | ل | ي | آ | ن | م | غ | ا | و | د |
| خ | ذ | ح | خ | ئ | ر | ي | س | ش | ط | ط | خ | ر | ل | ا |
| ت | د | ر | ش | ب | ض | ك | ع | ة | ث | ر | ت | ح | ا | ك |
| س | ن | ت | ي | م | ت | ر | ر | ل | ت | ر | ل | ر | ذ | م |
| ئ | س | ة | م | ن | و | س | ي | ت | خ | ع | آ | إ | ق | ط |
| ف | ح | ط | ن | ط | ص | ش | ن | ى | خ | ر | ت | و | ص | ة |
| ؤ | و | ى | ق | و | ل | ر | ا | ت | ف | ر | ب | ع | ض | ط |
| ى | خ | ظ | ص | م | ا | ل | ب | غ | ق | ز | ث | ى | ق | ل |
| ا | ر | ت | ف | ا | ع | أ | و | ق | ي | ة | ف | ر | ب | ر |

ارتفاع
بايت
سنتيمتر
الطول
عشري
غرام
درجة
عرض
لتر
كتلة

متر
دقيقة
أوقية
وزن
بوصة
عمق
كيلوغرام
كيلومتر
طن
الصوت

# 12 - Álgebra

| | | | | | | | | | | | | | | |
|---|---|---|---|---|---|---|---|---|---|---|---|---|---|---|
| ش | ر | ج | ا | ح | ر | ذ | ش | ص | ث | س | ص | ح | و | ط |
| ت | ق | ز | ل | ح | ظ | ص | د | إ | ب | س | ذ | ج | ز | ق |
| ذ | م | ء | ر | ؤ | ص | ي | ن | ا | ي | ب | م | س | ر | ح |
| خ | ط | أ | س | ص | ت | ب | س | ي | ط | ب | ص | ح | ي | ك |
| غ | ك | آ | م | ف | ز | آ | ص | ذ | خ | ش | ا | خ | غ | ي |
| ك | ز | ب | ا | ر | س | ئ | ؤ | ث | ر | ل | ر | ع | ت | س |
| و | ن | ا | ل | ط | ي | ل | ي | ئ | ط | ئ | ا | س | م | م |
| ل | ع | ل | ب | إ | م | ز | ث | ر | ذ | م | آ | ص | ع | س |
| آ | ف | ش | ي | ة | س | ذ | ح | آ | ل | ر | ئ | ا | إ | ى |
| ي | ض | إ | ا | ي | ث | ز | د | ث | ص | ص | د | ا | إ | ا |
| ع | ل | ا | ن | ه | ا | ئ | ي | ك | ع | ل | ن | ب | ص | ا |
| أ | ق | ى | ي | ث | س | ي | غ | ف | ة | ة | ل | ك | ش | م |
| د | و | ر | ؤ | ر | غ | ش | ر | ع | ر | ى | ص | ب | ق | ح |
| ا | س | ك | م | ي | ة | ف | و | ف | ص | م | ا | ط | ج | ش |
| ج | س | ش | س | ل | ح | ع | و | م | ج | م | خ | ك | ل | ع |

رقم
قوس
مشكلة
كمية
تبسيط
حل
مجموع
الطرح
متغير
صفر

رسم بياني
معادلة
أس
خطأ
عامل
جزء
الرسم البياني
لانهائي
خطي
مصفوفة

# 13 - Plantas

| | | | | | | | | | | | | | | |
|---|---|---|---|---|---|---|---|---|---|---|---|---|---|---|
| س | ب | ز | ئ | ك | ي | آ | ل | ح | ش | ر | ذ | ج | ث | ك |
| غ | و | ه | ت | ا | ب | ن | ل | ا | م | ل | ع | ذ | ى | ف |
| ح | ش | ر | د | ى | ا | و | غ | ز | ق | ت | ئ | ر | ا | ص |
| د | س | ة | ش | ت | ل | ة | ق | ر | و | ش | ج | ص | ط | ض |
| ي | د | ة | ى | ص | ب | ك | ب | ا | م | ب | و | س | ع | ش |
| ق | ا | ل | ب | ت | ل | ة | و | ق | د | ل | ي | ع | ج | ط |
| ة | ز | ا | ش | خ | ؤ | ك | خ | ج | ي | ف | خ | ر | ح | ح |
| ف | ر | ظ | ع | ح | ك | ظ | ي | ا | ر | م | ة | ؤ | ض | ل |
| ى | غ | إ | ا | ل | ن | ب | ا | ت | ي | ة | خ | ف | ل | ب |
| ي | ث | س | ل | ش | ث | إ | إ | خ | ب | آ | ش | ى | ى | ز |
| ز | خ | م | إ | ر | ج | ش | ل | ا | ق | ا | ر | و | أ | خ |
| د | ط | ا | خ | إ | غ | ت | ا | ط | ل | ز | ذ | ة | ؤ | آ |
| ب | خ | د | ق | ظ | آ | ا | م | ئ | ك | ي | د | ف | د | ص |
| و | ى | م | ش | ط | ت | ب | ن | ي | ن | ت | ح | ج | ت | ج |
| ظ | ح | ض | ع | ة | ب | ا | غ | ئ | ئ | ن | س | ؤ | آ | ظ |

بوش
شجرة
بيري
بامبو
علم النبات
صبار
عشب
فاصوليا
سماد
زهرة

النباتية
غابة
ورقة
أوراق الشجر
لبلاب
حديقة
طحلب
البتلة
جذر
نبت

# 14 - Veículos

| | | | | | | | | | | | | | | |
|---|---|---|---|---|---|---|---|---|---|---|---|---|---|---|
| م | ر | ن | ط | ف | ن | ذ | ط | س | ح | ل | ى | ش | ت | س |
| ت | ت | ب | ل | ط | إ | ك | و | ك | م | ل | ا | ح | ا | ي |
| ك | ب | ر | ف | ا | ؤ | ى | ف | و | ز | ض | س | ا | ك | ا |
| ض | و | ا | و | ئ | م | م | ظ | ت | ب | ظ | ي | ف | س | ر |
| ب | ك | ق | ف | ر | د | ر | ب | ر | ة | آ | ة | ل | ي | ة |
| ة | ي | ع | ئ | ة | ج | ا | ر | د | ص | ش | آ | ة | ج | إ |
| ي | ل | ر | ن | ر | ا | ل | إ | ط | ا | ر | ا | ت | ئ | س |
| خ | ه | ج | ظ | ا | ر | ج | س | ى | و | ح | و | ق | غ | ع |
| ؤ | ز | ذ | ي | ب | ج | ط | ع | ي | غ | ئ | ن | ك | و | ا |
| ك | ر | ل | إ | ع | ئ | ش | ق | ص | ا | ج | ر | ا | ر | ف |
| إ | ف | خ | ف | ل | د | م | ا | س | ا | ر | ئ | ظ | ى | ث |
| ض | ف | ط | ئ | ا | ي | ف | ف | ث | ح | ر | ة | ذ | ع | ح |
| ث | ت | ص | ح | د | ط | و | ل | ل | ب | ص | و | آ | إ | ق |
| م | ح | ر | ك | ح | م | ر | ة | ن | ح | ا | ش | خ | ل | ش |
| ف | د | ؤ | ت | ئ | ظ | ج | ق | ظ | ح | ط | د | ب | ى | س |

سيارة إسعاف
طائرة
العبارة
قارب
دراجة
شاحنة
قافلة
سيارة
صاروخ
هليكوبتر

طوف
سكوتر
مترو
محرك
حافلة
الإطارات
غواصة
تاكسي
المكوك
جرار

# 15 - Engenharia

| | | | | | | | | | | | | | | |
|---|---|---|---|---|---|---|---|---|---|---|---|---|---|---|
| ل | ئ | ت | ز | إ | و | ب | ر | ؤ | ن | ى | س | ل | م | ل |
| غ | ج | ل | ص | ث | ي | آ | ح | ن | ا | ز | ا | ر | ة | ل |
| ب | ع | ي | ز | و | ت | ر | ب | ك | ح | ث | ف | س | ش | ل |
| ر | م | ر | د | ش | ش | ك | ش | ى | ت | ؤ | ف | م | و | ض |
| غ | ق | ا | س | ت | ق | ر | ا | ر | ك | ض | ج | ب | ش | غ |
| غ | ظ | ح | ر | ا | ت | ط | ى | و | ا | ض | ا | ي | ش | ف |
| ؤ | ق | ة | و | ق | ي | ق | ص | ح | ك | ص | ل | ا | غ | ن |
| ي | ى | ي | ف | ح | ض | ق | ق | م | ذ | غ | أ | ن | ا | إ |
| ر | ي | و | د | ي | ز | ل | ط | ا | ق | ة | ب | ي | ل | آ |
| ب | ن | ا | ء | آ | ل | ة | ك | ق | ذ | و | ع | ئ | د | غ |
| ك | ا | ز | س | ا | ئ | ل | ض | ي | ت | ر | ا | غ | ف | آ |
| ز | ر | س | ب | ن | ذ | ئ | ة | ك | ه | ر | د | ب | ع | و |
| غ | غ | ع | ح | ح | خ | ف | إ | م | ص | ن | إ | ن | د | ف |
| ة | ش | ئ | إ | ع | ك | ة | س | ن | ش | آ | ف | ر | ى | إ |
| ف | ث | ث | ح | م | ح | ر | ك | ذ | ط | ى | خ | ل | ح | ب |

احتكاك
زاوية
حساب
بناء
رسم بياني
قطر
ديزل
الأبعاد
توزيع
محور

طاقة
استقرار
هيكل
قوة
سائل
آلة
قياس
محرك
عمق
الدفع

# 16 - Restaurante # 2

| | | | | | | | | | | | | | | |
|---|---|---|---|---|---|---|---|---|---|---|---|---|---|---|
| م | ذ | ط | د | ر | س | غ | ء | ا | د | غ | و | س | ج | ر |
| ث | د | ع | و | ة | إ | ز | ح | ل | م | ؤ | ع | ذ | ب | ي |
| خ | ا | ي | ع | ئ | ت | ث | ح | ن | ش | ع | و | آ | ط | س |
| ث | ؤ | إ | ك | ج | ج | و | ء | ا | س | ح | ظ | س | ؤ | ا |
| ط | ئ | ح | غ | ا | ى | ح | ى | د | ي | ل | ج | ل | ة | ع |
| إ | ق | ي | آ | إ | س | و | ت | ل | ر | ل | ف | ط | ؤ | ة |
| ع | ط | ط | د | ض | ن | ا | ك | و | ظ | ض | ك | ة | ف | ز |
| ط | ص | ى | ؤ | ت | ز | ا | م | ي | ا | ي | ي | غ | ل | ك |
| م | ل | ع | ق | ة | ع | ق | س | س | ك | ب | و | ر | ش | م |
| ش | خ | ض | ر | و | ا | ت | ة | ر | ى | ل | ل | ب | ي | ش |
| و | ف | ب | ك | ة | ز | د | ي | ك | م | ب | ذ | ب | ط | ل |
| ك | ظ | ئ | ن | ه | و | خ | ا | س | آ | ج | ك | ي | ط | ز |
| ة | ن | و | ر | ك | ع | م | ل | ا | ا | ت | ف | ن | ذ | ع |
| غ | ض | ظ | م | ا | ء | ا | ش | ع | ق | ض | ض | ز | ج | ج |
| ث | ى | ؤ | ب | ف | ع | غ | آ | ظ | ؤ | ب | س | ظ | م | ك |

غداء
ماء
مشروب
كيك
كرسي
ملعقة
لذيذ
توابل
فاكهة
النادل

شوكة
جليد
عشاء
خضروات
المعكرونة
بيض
سمك
ملح
سلطة
حساء

# 17 - Países #2

| | | | | | | | | | | | | | | |
|---|---|---|---|---|---|---|---|---|---|---|---|---|---|---|
| ر | ط | ؤ | ي | ث | ق | ش | ي | ا | ز | غ | ة | ا | ن | ج |
| س | و | ت | ئ | ل | ز | ض | ل | ا | و | س | ظ | ل | ي | ا |
| و | آ | س | خ | ي | ا | ل | ص | و | م | ا | ل | د | ج | م |
| ر | ل | ظ | ي | ر | س | ج | ي | ت | إ | ض | ا | ن | ي | ا |
| ي | إ | ب | ا | ا | ن | ا | ت | س | ك | ا | ب | م | ر | ي |
| ا | ن | أ | ن | خ | ر | د | ي | ز | ي | أ | ي | ا | ي | ك |
| أ | د | ل | ض | ا | ف | ن | ا | ت | س | و | ن | ر | ا | ا |
| و | و | ب | ل | ث | ن | ل | ه | إ | ك | غ | ب | ك | ش | ن |
| ك | ن | ا | ف | ل | ل | ر | ة | ن | م | ن | آ | ز | ظ | د |
| ر | ي | ن | ا | ب | ا | ي | ل | ا | ل | د | ع | ح | ة | ز |
| ا | س | ي | ئ | ص | ف | أ | ظ | ذ | ا | ا | ج | ا | ش | ظ |
| ن | ي | ا | ك | ى | ن | ؤ | ر | ا | ل | ي | و | ن | ا | ن |
| ي | ا | ع | ل | ف | ث | ئ | م | ث | ة | ة | ض | ع | ظ | ص |
| ا | د | ز | ص | ل | ج | ع | ن | ت | غ | ن | آ | ت | ض | ى |
| ى | ق | ذ | ح | ب | م | ب | غ | ب | ي | ئ | ة | ق | ق | ت |

ألبانيا
الدنمارك
فرنسا
اليونان
هايتي
إندونيسيا
أيرلندا
جامايكا
اليابان
لاوس

لبنان
المكسيك
نيبال
نيجيريا
باكستان
روسيا
سوريا
الصومال
أوكرانيا
أوغندا

# 18 - Cozinha

| | | | | | | | | | | | | | | |
|---|---|---|---|---|---|---|---|---|---|---|---|---|---|---|
| ل | ؤ | ق | و | و | ظ | ا | غ | ي | ع | ئ | ى | ش | ب | ي |
| ؤ | إ | ا | ع | و | ظ | ص | ل | ب | ا | و | ت | و | ث | ص |
| ث | م | ة | ا | ف | ذ | ن | ا | د | ي | ع | ظ | ا | أ | ط |
| ج | م | إ | ء | ى | م | إ | ي | ئ | ن | ذ | و | ي | ك | م |
| خ | ث | ن | ب | آ | ش | ف | ة | و | ص | ف | ة | ة | و | ئ |
| ص | ل | ى | د | ر | م | غ | ر | ف | ة | ؤ | ك | ر | ا | ز |
| ك | ف | ط | ط | ي | ي | س | ك | ا | ك | ي | ن | ج | ب | ر |
| د | م | ج | م | ع | ل | ق | ع | ا | ل | م | ل | ا | ط | ذ |
| ل | ت | ن | ا | و | ل | ا | ل | ط | ع | ا | م | ص | د | ل |
| ط | ي | ف | ت | ظ | ى | ة | ج | ا | ل | ث | آ | س | ب | س |
| ا | ض | س | ف | خ | ن | ف | ظ | ث | ل | إ | ق | ك | ى | ك |
| م | ؤ | إ | ر | ذ | م | ب | ى | ب | ق | ش | ت | ت | ف | ك |
| د | ك | ى | ن | غ | ا | ش | ح | آ | ئ | س | و | ئ | و | ح |
| ز | ث | م | ئ | ي | ر | ظ | س | ؤ | ظ | ر | ر | ك | و | ر |
| ى | ظ | خ | ر | إ | ب | و | ع | ئ | إ | ت | ض | ر | ي | ش |

مجمد
الشوك
ثلاجة
شواية
منديل
جرة
إبريق
عيدان
وصفة
وعاء

مئزر
غلاية
الملاعق
لتناول الطعام
مغرفة
أكواب
توابل
إسفنج
سكاكين
فرن

# 19 - Material de Arte

| | | | | | | | | | | | | | | |
|---|---|---|---|---|---|---|---|---|---|---|---|---|---|---|
| إ | ش | ؤ | ل | ج | ط | ي | غ | ي | ة | س | ص | ب | ق | أ |
| ذ | م | ص | ت | و | ء | ط | ص | ص | ط | ش | ص | غ | ل | ق |
| ج | ل | ي | ت | س | ا | ب | ل | ا | ف | آ | ئ | و | م | ر |
| م | ج | س | ي | ؤ | م | س | ز | ص | ر | ظ | ا | ف | ا | ك |
| د | ذ | ر | ز | ث | ط | ح | ب | ر | ش | ن | م | س | ح | خ |
| ص | ئ | ك | س | إ | و | ل | ج | ل | م | ع | آ | ؤ | ل | ح |
| ص | ؤ | إ | ش | ب | ي | ر | ز | ا | آ | ؤ | ض | ز | ا | ن |
| ا | خ | ل | ط | د | ع | ظ | ئ | م | إ | آ | ؤ | ئ | س | ة |
| ل | ث | ي | ف | ا | خ | ي | أ | ا | ى | إ | ن | غ | ل | ص |
| أ | ن | ف | ن | ع | ة | ك | آ | ل | ا | ر | ي | م | ا | ك |
| ل | ح | ح | ر | ص | ر | و | ر | ق | خ | ح | ئ | ص | ئ | م |
| و | ؤ | م | د | ي | ي | ظ | و | أ | ث | م | و | ئ | ى | ع |
| ا | ة | ج | ل | ح | ظ | ط | ا | و | ل | ة | ا | ح | م | م |
| ن | ع | ي | ث | ث | ت | ي | ت | ا | ن | ا | ه | د | ل | ا |
| ة | ك | ص | ل | ل | ز | ج | ش | ج | ا | ر | م | ز | ن | ؤ |

أكريليك
ممحاة
ألوان مائية
طين
ماء
كرسي
فحم
الحامل
كاميرا
صمغ

الألوان
إبداع
فرش
أقلام الرصاص
طاولة
نفط
ورق
الباستيل
حبر
الدهانات

# 20 - Números

| | | | | | | | | | | | | | | |
|---|---|---|---|---|---|---|---|---|---|---|---|---|---|---|
| ط | ى | ف | ي | ق | ث | ا | ش | س | ت | ف | آ | ت | ا | ث |
| ت | ظ | ظ | ى | خ | ص | م | ث | ح | ئ | ح | ؤ | س | ث | ل |
| ة | ي | س | ب | ة | ا | ن | ا | ن | م | خ | ل | ع | ن | ا |
| ب | ق | ة | ص | م | ل | ك | و | ن | ا | ع | ؤ | ة | ا | ث |
| ج | ث | خ | م | س | ة | ع | ش | ر | ي | ن | ت | ك | ع | ة |
| س | ط | ى | ج | ص | ى | و | ي | ي | ش | ة | ة | ز | ش | ع |
| ب | ى | س | م | ث | م | ا | ن | ي | ة | ع | ش | ر | ر | ش |
| ع | ك | ت | ع | ش | ر | ي | ظ | س | ج | ع | ش | ر | ة | ر |
| ة | ب | ة | خ | م | س | ة | ل | ث | ل | س | ت | ة | ع | ف |
| ع | ؤ | ع | ث | ل | ا | ث | ة | ج | ك | س | ص | غ | ب | ص |
| ش | و | ش | أ | ر | ب | ع | ة | ع | ش | ر | س | ة | ر | ظ |
| ر | ك | ر | ن | س | و | ط | ط | س | ض | خ | ب | ا | أ | ع |
| ى | ت | آ | خ | ة | ي | غ | ق | ش | ض | م | ع | ر | ن | ث |
| و | ا | ح | د | ج | ر | د | ي | ى | ل | ن | ة | ع | ل | ا |
| م | د | ب | ص | ذ | ى | ث | ق | م | ز | ح | غ | ئ | ر | ظ |

أربعة عشر
أربعة
خمسة عشر
ستة
سبعة
ثلاثة عشر
ثلاثة
واحد
عشرون
صفر

خمسة
عشري
عشرة
ستة عشر
سبعة عشر
ثمانية عشر
اثنان
اثنا عشر
تسعة
ثمانية

# 21 - Física

| | | | | | | | | | | | | | | |
|---|---|---|---|---|---|---|---|---|---|---|---|---|---|---|
| ص | ة | و | س | خ | ي | ح | ت | ث | ى | ة | د | و | م | إ |
| ج | ف | و | إ | إ | ض | ة | ص | ل | د | ي | ك | غ | ي | ل |
| ا | ا | إ | ة | آ | إ | غ | ة | ع | ر | س | ل | ا | ك | ك |
| ئ | ث | ذ | ط | ئ | ث | ى | ث | ب | خ | ي | ك | ز | ا | ت |
| ج | ك | ص | ب | م | ح | ر | ك | ا | ؤ | ط | ر | ت | ن | ر |
| ج | ة | ز | س | ي | م | ل | ا | ع | ل | ا | ص | خ | ي | و |
| إ | ظ | ي | ض | و | ة | ن | ت | س | ر | ن | ئ | غ | ك | ن |
| ك | ن | ع | ز | و | ل | ل | ك | و | ة | غ | س | ش | ا | ا |
| خ | د | ث | ف | ن | ت | ش | د | ت | ئ | م | ق | ب | ت | ي |
| و | آ | ح | و | ث | ك | ذ | د | ا | د | ل | غ | ت | ي | ك |
| ئ | ئ | ث | ض | م | إ | ر | ر | ض | ع | ا | ث | ض | د | ة |
| ض | د | ن | ى | ر | غ | ة | ت | ظ | ي | م | ع | ض | س | غ |
| ك | ط | ن | ة | ك | ت | خ | س | ش | ر | غ | ح | خ | ش | ظ |
| م | ث | ظ | ش | ب | س | ذ | ؤ | ط | س | م | ج | س | ي | م |
| ل | ة | ر | خ | ز | ر | ص | ف | ا | ت | ط | ث | خ | إ | ب |

المغناطيسية
كتلة
ميكانيكا
مركب
محرك
نووي
جسيم
النسبية
عالمي
السرعة

تسريع
ذرة
فوضى
كثافة
إلكترون
توسع
معادلة
تردد
غاز
جاذبية

# 22 - Especiarias

| | | | | | | | | | | | | | | |
|---|---|---|---|---|---|---|---|---|---|---|---|---|---|---|
| ف | ك | ح | آ | ب | ة | ح | ك | ك | ز | ب | ر | ة | ج | ن |
| ل | م | ن | ا | ا | ف | ب | ا | ض | ب | ف | ة | ف | و | ك |
| ف | و | ك | ق | م | ذ | ا | ر | و | آ | ر | ز | ر | ز | ا |
| ل | ن | ه | ر | ل | ض | ل | ي | ة | ي | ب | س | ق | ة | ل |
| ي | ا | ة | ث | ي | ض | ه | م | م | ى | ص | و | ك | ا | ي |
| ب | ر | ش | س | ص | ح | ا | ي | خ | ة | ط | س | ح | ل | ا |
| ج | ف | ن | ب | ج | ص | ل | ق | ف | خ | ر | ل | ص | ط | ن |
| ن | ع | ؤ | د | آ | ت | ر | ط | ق | ح | ئ | ا | ص | ي | س |
| ز | ز | ص | خ | ض | ا | ظ | خ | ذ | ب | ش | ق | آ | ب | و |
| ح | ل | و | ص | ص | ذ | ئ | ت | ش | ل | ن | ر | س | ت | ن |
| ص | ظ | ج | ث | ؤ | خ | ى | ع | إ | ت | ح | ع | م | ل | ح |
| إ | ث | م | ق | ي | آ | د | آ | غ | ع | غ | ث | ز | ي | آ |
| ى | ن | ج | ر | ف | ا | ن | ي | ل | ا | ؤ | ا | ش | ا | إ |
| ث | و | م | م | ل | ك | ص | ا | ل | ش | م | ر | ة | ن | ز |
| ج | خ | ي | و | إ | ة | س | ب | ح | ك | ي | ع | ر | ل | إ |

بصل
كزبرة
كمون
حلو
الشمرة
زنجبيل
جوزة الطيب
فلفل
نكهة
ملح

زعفران
عرق السوس
ثوم
مر
اليانسون
حامض
فانيلا
قرفة
حب الهال
كاري

# 23 - Países #1

| | | | | | | | | | | | | | | |
|---|---|---|---|---|---|---|---|---|---|---|---|---|---|---|
| ب | ا | ل | إ | ك | و | ا | د | و | ر | ذ | ف | إ | م | ا |
| ن | م | ظ | ذ | ز | أ | ر | ص | ئ | إ | ك | ن | س | ص | ل |
| ج | ن | ح | ك | ف | د | ل | م | ة | ة | س | ل | ب | ر | س |
| إ | ب | خ | ل | ل | ظ | ب | م | ظ | د | ق | ن | ا | ن | ن |
| خ | س | و | ي | إ | و | و | ط | ا | ؤ | ي | د | ن | ي | غ |
| ا | ن | ر | ز | ح | إ | ل | ب | س | ن | د | ا | ي | ك | ا |
| س | غ | ئ | ا | غ | ن | ن | ا | ا | ة | ي | ل | ا | ا | ل |
| ح | ظ | ع | ر | ئ | ش | د | ن | ه | ل | ا | ا | إ | ر | ا |
| ج | ز | ض | ب | ت | ي | ا | ل | ي | و | ز | ن | ف | ا | ل |
| ق | ح | ق | ل | ط | ئ | ل | ك | ا | ا | ث | ج | س | غ | ن |
| إ | ي | ط | ا | ل | ي | ا | ف | ل | ك | ن | د | ا | و | ر |
| س | ل | إ | ع | ر | ة | ت | خ | م | ن | س | ب | ي | ا | و |
| ض | ا | ر | ح | ك | ع | ل | ع | غ | ذ | ك | ذ | ز | ر | ي |
| ذ | م | س | ؤ | خ | ت | ل | ر | ر | ئ | خ | و | ض | ل | ج |
| ك | م | ب | و | د | ي | ا | ا | ب | ع | ذ | ط | ر | ؤ | ف |

ألمانيا
البرازيل
كمبوديا
كندا
مصر
الإكوادور
إسبانيا
فنلندا
العراق
إسرائيل

إيطاليا
الهند
مالي
المغرب
نيكاراغوا
النرويج
بنما
بولندا
السنغال
فنزويلا

# 24 - A Mídia

| | | | | | | | | | | | | | | |
|---|---|---|---|---|---|---|---|---|---|---|---|---|---|---|
| ش | ن | ح | ف | آ | ب | ج | ت | ئ | ة | ف | ب | ا | خ | إ |
| ب | د | ق | ة | ك | ب | ش | ل | ا | ى | ل | ع | ع | غ | ت |
| ك | ش | ا | ا | ل | ص | و | ر | و | ذ | ض | ة | و | ع | ا |
| ة | ع | ئ | ت | ا | ل | ا | ص | ت | ا | ل | ا | ل | ل | ب |
| ا | آ | ق | ر | ا | د | ي | و | ي | أ | ر | ي | م | د | ي |
| ل | ط | ن | ق | ص | ض | ي | ق | ئ | ز | م | و | ل | ر | ز |
| ا | غ | ذ | إ | ذ | ش | ز | و | ث | غ | ا | ع | ؤ | ق | ف |
| ت | ع | ل | ض | ف | ح | ص | ل | ا | ق | ج | ي | ئ | ع | ا |
| ص | ا | ؤ | ؤ | ظ | ي | ل | ق | ف | ذ | س | غ | ؤ | ق | س |
| ا | ط | آ | د | ل | ع | د | ل | ي | و | م | ت | ل | ا | ت |
| ل | ي | ص | إ | إ | ذ | ت | ر | ة | ي | ر | ك | ف | ل | ا |
| س | ج | س | ث | ى | د | ج | م | ع | م | ن | غ | م | غ | د |
| ك | م | و | آ | م | ر | ا | ص | ا | ق | س | ف | ؤ | ل | ئ |
| س | ة | م | ف | ز | ف | ر | د | م | ر | ة | ع | ا | ن | ص |
| ر | د | ب | م | ح | ل | ي | ؤ | ن | و | ي | ز | ف | ل | ت |

صناعة
الفكرية
الصحف
محلي
على الشبكة
رأي
عام
راديو
شبكة الاتصال
تلفزيون

المواقف
تجاري
الاتصالات
رقمي
الإصدار
تعليم
حقائق
التمويل
الصور
فرد

# 25 - Casa

| | | | | | | | | | | | | | | |
|---|---|---|---|---|---|---|---|---|---|---|---|---|---|---|
| ك | د | ك | د | س | ا | د | ة | س | ن | ك | م | ف | ذ | س |
| غ | ر | ث | ؤ | ب | م | ب | ا | ت | ت | غ | ع | ط | ض | ب |
| ش | ج | ا | ي | س | ك | خ | ر | ا | د | غ | ئ | ل | ع | د |
| ر | ط | ث | ج | ف | م | غ | م | ئ | ى | د | خ | ض | ث | خ |
| ح | غ | أ | ض | ش | د | ط | ف | ر | ه | س | ئ | خ | ؤ | إ |
| ع | غ | ر | ر | ي | ف | ص | ا | ص | ن | ب | و | ر | ن | ل |
| س | ج | ا | د | ة | أ | ط | ت | ة | ؤ | ا | ل | ع | ص | إ |
| م | ص | س | إ | ظ | ة | ط | ي | و | ك | ب | غ | ع | ز | ج |
| غ | ر | ف | ة | ز | ح | و | ح | ش | ظ | ج | ك | إ | ح | ق |
| ن | ذ | ن | ج | ا | خ | م | آ | خ | ش | ز | ش | ب | ا | ظ |
| ئ | و | م | ك | ت | ب | ة | آ | ر | م | غ | ن | ؤ | ئ | ز |
| غ | ز | ن | ن | ط | ط | ذ | ق | غ | آ | ا | ح | ز | ط | م |
| ظ | ف | ة | ش | إ | م | ف | ص | ي | ق | ذ | ض | و | ت | س |
| س | ق | ي | ط | ر | ب | ا | ن | ر | د | ظ | ظ | ز | م | ت |
| ى | ئ | ظ | ش | ت | ة | ن | خ | د | م | ح | ت | ب | إ | ؤ |

حديقة
مدفأة
أثاث
حائط
باب
غرفة
علبه
سجادة
صنبور
مكنسة

مكتبة
سياج
مدخنة
مفاتيح
دش
ستائر
مطبخ
مرآة
كراج
نافذة

# 26 - Vegetais

| | | | | | | | | | | | | | | |
|---|---|---|---|---|---|---|---|---|---|---|---|---|---|---|
| ؤ | د | ا | ظ | ل | ل | ف | ج | ل | ل | ب | ص | ح | ج | ل |
| آ | ج | ل | ج | ف | ظ | و | ن | ف | ي | ا | س | ز | ع | ق |
| ب | ر | ب | ط | و | ظ | ش | ك | ت | ت | ز | ر | م | ف | ث |
| ن | ئ | ط | غ | ى | م | ر | ر | ذ | س | ل | ط | ة | ظ | ئ |
| آ | ظ | ا | ق | خ | ب | خ | ف | ص | إ | ا | ف | ئ | ذ | خ |
| ط | م | ط | ر | ى | ر | ع | س | غ | ض | ء | ذ | ض | ط | ئ |
| س | ح | س | ة | إ | و | ب | ن | ئ | ف | آ | م | غ | ك | م |
| آ | م | ث | ط | ر | ك | ص | و | ش | آ | إ | ت | ض | ف | س |
| ز | ن | ج | ب | ي | ل | ل | د | ي | ض | ؤ | ك | ى | ظ | ث |
| ك | ا | ة | ؤ | و | ي | س | ق | د | ب | ز | م | ث | م | و |
| ز | د | ص | ت | ى | ب | ط | ب | ا | ذ | ن | ج | ا | ن | م |
| ت | ى | إ | ب | ا | ي | ئ | ئ | ظ | ع | ة | م | ر | ب | ط |
| د | ق | م | ن | ن | ذ | ب | ر | ا | ي | خ | ى | ك | ز | ا |
| ش | ص | خ | ض | س | ا | ة | ش | ظ | ط | ر | ج | ل | ض | م |
| ل | و | د | ت | إ | آ | ر | غ | ح | ى | ح | و | ا | ز | ط |

فطر
بازلاء
سبانخ
زنجبيل
لفت
خيار
فجل
سلطة
بقدونس
طماطم

يقطين
كرفس
خرشوف
ثوم
البطاطس
باذنجان
بروكلي
بصل
جزر
الكراث

# 27 - Balé

| | | | | | | | | | | | | | | |
|---|---|---|---|---|---|---|---|---|---|---|---|---|---|---|
| أ | س | إ | ى | ت | ل | إ | ع | م | م | ن | ف | ر | د | ا |
| و | ب | ي | ق | ج | ب | ض | و | ق | ن | ح | ا | ة | ل | ز |
| ر | ش | ق | ج | ز | ل | س | ب | ص | ت | ل | ئ | ر | ب | د |
| ك | ص | ا | ر | ا | ي | ؤ | ب | ل | م | م | ا | ا | ظ | و |
| س | خ | ع | ت | ق | ك | ب | إ | ب | ع | ق | ط | ه | ل | ب |
| ت | ج | ث | ى | ئ | ئ | ر | ا | ح | ص | ي | م | م | ع | ح |
| ر | ا | ل | ج | م | ه | و | ر | ا | ز | ف | ن | ي | إ | ز |
| ا | غ | ظ | ذ | ر | ل | ف | ت | ة | س | ص | ا | ش | ض | ف |
| ق | ى | ى | و | ش | د | ة | ة | ف | ة | ت | و | خ | ئ | م |
| ع | ن | ث | ا | ي | ف | ا | ر | غ | ي | ر | و | ك | ل | ا |
| ح | ر | آ | ي | ؤ | ل | ى | ب | ي | ن | ز | ض | ؤ | ب | ش |
| غ | ق | ة | إ | ض | ش | ؤ | ع | ي | ق | ؤ | ك | ق | ك | ك |
| ز | م | م | ز | م | ج | إ | م | ص | ت | ف | ث | ذ | ط | ذ |
| ي | و | ة | د | ب | ط | ذ | ل | ذ | ذ | ش | ض | ع | ؤ | خ |
| ف | و | د | ك | ظ | آ | ع | ض | ص | ع | ص | خ | غ | خ | س |

مهارة
شدة
عضلات
موسيقى
أوركسترا
الجمهور
إيقاع
منفردا
تقنية

تصفيق
فني
ملحن
الكوريغرافيا
الراقصات
بروفة
نمط
معبرة
لفتة

# 28 - Adjetivos #1

| | | | | | | | | | | | | | | |
|---|---|---|---|---|---|---|---|---|---|---|---|---|---|---|
| ض | ز | غ | غ | ب | ص | ا | د | ق | م | ي | ر | ك | ع | ة |
| ذ | ص | ر | ر | ا | ل | ص | ب | ل | ه | خ | ر | ق | ف | س |
| غ | ء | ي | ط | ب | م | ة | ؤ | ط | م | ز | ش | ش | ن | ق |
| م | غ | ب | ؤ | ا | ا | ض | و | م | ا | ح | ث | إ | م | م |
| ت | ز | ح | ن | ذ | ك | ا | ل | ظ | ذ | ق | ي | ق | ر | س |
| ط | و | ش | ط | ج | ؤ | ط | س | ض | ح | ل | د | ش | ي | ن |
| ا | غ | ك | ج | ع | ي | ث | ث | ظ | ئ | آ | ح | ج | ب | ل |
| ب | ا | د | ي | ح | إ | ن | ع | ر | م | ي | ذ | ث | ك | ف |
| ق | ب | ج | ى | آ | ي | ل | ط | ي | آ | ل | ئ | ل | ظ | ع |
| ة | ذ | ج | د | ك | ذ | ؤ | ر | م | د | ن | ش | ع | آ | د |
| ى | و | و | ب | ي | ذ | ب | ي | ض | ث | آ | ا | ث | م | ا |
| ث | ق | م | ط | ب | ز | و | س | خ | ج | ؤ | و | آ | ذ | ك |
| ع | ي | و | ة | ر | ز | ب | ن | م | ئ | ذ | ؤ | ئ | و | ن |
| ن | م | ف | ب | ع | ب | ط | ر | غ | د | غ | ج | د | ق | ي |
| ك | ة | ع | آ | ل | م | إ | ى | ي | ف | ن | ي | ط | آ | ت |

مطلق
عطري
فني
جذاب
ضخم
داكن
غريب
رقيق
كريم
كبير

صادق
متطابقة
مهم
بطيء
غامض
حديث
كامل
ثقيل
جدي
ذو قيمة

# 29 - Psicologia

| | | | | | | | | | | | | | | |
|---|---|---|---|---|---|---|---|---|---|---|---|---|---|---|
| ش | أ | ؤ | ؤ | ى | ا | ت | ق | خ | ع | د | م | ي | ق | ت |
| ر | ة | ف | ل | ع | إ | ط | ط | ف | و | ؤ | ش | ع | س | ك |
| ث | ل | ش | ك | و | ل | س | ئ | ع | و | ر | ك | ح | ع | ع |
| ض | و | ا | خ | ا | ن | ظ | ن | ج | م | آ | ل | ك | ل | و |
| ت | ف | ط | ج | ش | ر | ز | ق | ؤ | ع | ش | ة | خ | ض | ف |
| ئ | ط | ى | ض | ك | آ | ذ | م | ك | ر | خ | س | ن | ؤ | ن |
| ا | ل | ع | و | ا | ط | ف | ت | إ | ف | ص | س | ز | ق | إ |
| ي | ا | ط | ا | ع | إ | غ | ف | ا | ة | ي | ع | ل | ا | ج |
| م | ة | ث | ل | ر | ئ | ح | ل | ج | ر | ة | ف | ز | ع | ي |
| ج | ل | ز | إ | ت | ط | ف | س | د | إ | ي | ض | ر | م | م |
| س | ح | ق | د | و | ا | ق | ع | ا | ز | ن | ث | ش | ف | ث |
| ت | ر | خ | ر | أ | ح | ل | ا | م | س | ا | ل | أ | ن | ا |
| ي | م | ؤ | ا | ف | ا | ق | د | ا | ل | و | ع | ي | ت | ض |
| د | ة | ا | ك | ف | م | و | ع | د | ب | د | ئ | ش | ت | م |
| ص | س | ز | ز | ص | ة | ف | و | ر | ت | ط | ص | ز | ض | ا |

تقيم
مرضي
معرفة
سلوك
موعد
نزاع
الأنا
العواطف
فاقد الوعي
مرحلة الطفولة

تأثيرات
أفكار
الإدراك
شخصية
مشكلة
واقع
إحساس
أحلام
علاج

# 30 - Paisagens

| | | | | | | | | | | | | | | |
|---|---|---|---|---|---|---|---|---|---|---|---|---|---|---|
| ر | ع | ع | م | ع | ب | س | غ | ت | ت | غ | ب | ج | ا | و |
| ش | ت | ش | ح | ئ | آ | ب | ض | ؤ | ح | ا | ش | ل | ا | ل |
| ف | ن | ق | ي | ت | ك | ا | ج | ز | ز | ح | خ | ح | ك | ب |
| د | د | ص | ط | ى | ئ | ذ | ع | ك | ش | ل | ة | ب | ث | ج |
| و | ر | ش | ؤ | ج | ب | ل | ج | ل | ي | د | ر | ف | ه | ك |
| ع | ا | ب | ن | ا | ك | ر | ب | ج | م | ف | ض | ك | ث | ي |
| د | ى | ه | ة | ص | ظ | ق | م | خ | س | ع | ز | و | ل | ف |
| غ | ع | ج | ف | ى | ث | ط | ز | ث | ت | ن | ذ | ج | ف | خ |
| ح | ي | ز | ئ | ى | ط | ب | م | ي | ن | خ | ص | ا | ج | ئ |
| س | ر | ي | ط | و | ظ | س | ؤ | ك | ق | ض | ح | ل | ح | د |
| ص | ح | ر | ا | ء | ح | ل | ص | ص | ع | ب | ن | ش | س | ش |
| ئ | ق | ة | ش | ر | ح | ب | ز | د | ح | ل | ك | ص | ظ | ج |
| آ | د | ر | ه | ن | و | ا | د | ي | ك | ص | س | ل | ش | ظ |
| ر | ع | ح | ط | ج | ز | ي | ر | ة | ذ | ش | س | ص | آ | ذ |
| ة | ض | م | ث | ل | ج | ة | و | غ | ت | ي | خ | و | ل | ت |

جبل
واحة
محيط
مستنقع
شبه جزيرة
شاطئ
نهر
تندرا
وادي
بركان

شلال
كهف
تل
صحراء
مثلجة
الخليج
جبل جليد
جزيرة
بحيرة
بحر

# 31 - Dança

| | | | | | | | | | | | | | | |
|---|---|---|---|---|---|---|---|---|---|---|---|---|---|---|
| ج | ة | ض | م | ت | خ | ت | ع | ؤ | ص | ض | و | ق | س | ذ |
| ا | ن | ع | م | ة | آ | ق | إ | ي | ق | ا | ع | ئ | ض | ث |
| ب | ل | ذ | ع | ي | ش | ل | ت | ن | س | ر | ض | د | ش | ق |
| ص | ض | ك | ة | ي | م | ي | د | ا | ك | أ | ل | ا | ر | ا |
| ر | ز | ة | و | ك | ت | د | ح | ل | ث | آ | ز | ز | ي | ف |
| ي | ع | خ | ح | ر | م | ي | ج | ز | ل | ئ | ش | غ | ك | ة |
| ث | ى | ز | ف | ذ | ي | ح | ل | ث | ك | ع | ا | ط | ف | ة |
| ص | ق | ج | ظ | ن | ب | غ | ة | ر | ة | ك | ر | ح | ض | ف |
| ج | ي | ا | ن | غ | م | ك | ر | ب | ر | و | ف | ة | ث | ل |
| س | س | ز | ف | ق | ع | ا | خ | ا | إ | ى | س | ب | ي | ر |
| إ | و | ئ | ق | ي | ب | ر | آ | ث | ف | ط | ب | غ | س | آ |
| ا | م | ط | و | ص | ر | ص | ف | م | ح | ي | ظ | ر | ف | د |
| ع | ذ | ظ | م | ئ | ة | خ | خ | ط | ث | ر | ا | ؤ | آ | م |
| ل | ى | ف | ل | ك | ل | ا | س | ي | ك | ي | م | و | ع | ذ |
| غ | ن | خ | ا | ب | ئ | م | ا | و | ظ | غ | ة | ة | ي | إ |

الأكاديمية
مرح
فن
كلاسيكي
الكوريغرافيا
جثة
ثقافة
ثقافي
عاطفة
بروفة

معبرة
نعمة
حركة
موسيقى
شريك
الموقف
إيقاع
قفز
تقليدي
بصري

# 32 - Nutrição

| | | | | | | | | | | | | | | |
|---|---|---|---|---|---|---|---|---|---|---|---|---|---|---|
| ا | ل | ك | ر | ب | و | ه | ي | د | ر | ا | ت | ذ | ذ | ئ |
| م | ة | ى | ل | ص | غ | ذ | و | ة | خ | ب | ا | ث | ؤ | ح |
| م | ذ | ة | غ | ب | ف | خ | ج | ط | ر | ب | ظ | ن | ح | و |
| ص | غ | ز | ف | ة | إ | ي | ت | ت | ك | و | ج | ظ | إ | ق |
| ل | ئ | ا | و | س | ج | آ | ش | م | ئ | ز | ض | ط | ا | ي |
| ص | ص | ش | ظ | ض | ت | ا | ن | ي | ت | و | ر | ب | ل | ا |
| ة | ي | ه | ش | آ | ج | ث | م | ز | ذ | ز | ي | ئ | ف | ى |
| ا | ل | ص | ح | ة | و | س | ك | ا | ا | ن | م | س | ح | ذ |
| م | ر | ي | ض | ي | د | ت | و | ط | ل | و | خ | ص | ح | ي |
| و | ط | ن | ظ | م | ة | ق | ن | ز | ف | م | ت | ق | ص | ع |
| و | ز | ط | ذ | ح | ه | ب | ا | خ | ط | ي | غ | م | ظ | ل |
| ف | خ | غ | ض | آ | ة | ض | ت | آ | إ | ح | خ | ذ | ض | ح |
| ة | خ | م | ن | ش | ن | ي | م | ا | ت | ي | ف | ف | ي | ش |
| ذ | ب | ن | ك | ه | ة | ص | ا | ل | ح | ل | ل | أ | ك | ل |
| ص | س | ف | ت | د | خ | ي | ظ | ي | غ | ى | ى | ؤ | ؤ | د |

مر
شهية
الكربوهيدرات
صالح للأكل
حمية
هضم
متوازن
تخمير
مكونات
سوائل

صلصة
المغذي
وزن
البروتينات
جودة
نكهة
صحي
الصحة
سم
فيتامين

# 33 - Energia

| | | | | | | | | | | | | | | |
|---|---|---|---|---|---|---|---|---|---|---|---|---|---|---|
| ل | ظ | ة | م | ا | ا | خ | ى | إ | ذ | ق | ز | خ | ك | ط |
| د | ي | د | ج | ت | ل | ل | ل | ب | ا | ق | د | ى | ت | ق |
| ذ | ف | ظ | ؤ | ب | ز | ب | ت | س | ح | ؤ | ي | ة | إ | آ |
| ي | ت | ز | ث | ي | غ | س | ط | و | ظ | د | ز | د | ث | آ |
| غ | ر | ن | إ | ئ | ك | غ | و | ا | ر | ط | ل | ر | ة | م |
| ه | ي | و | ق | ة | ر | ا | ر | ح | ر | ب | ج | ي | ش | و |
| ي | ق | ر | إ | ي | ح | ن | و | و | ي | ي | ي | ح | م | ث |
| د | ظ | ت | ق | ئ | م | ب | ظ | د | ن | ؤ | ة | ن | س | و |
| ر | ع | ك | ؤ | ا | ب | ز | ن | ج | و | خ | ص | ي | ا | ل |
| و | د | ل | ش | ب | د | م | ك | غ | ع | ؤ | ظ | ز | آ | ت |
| ج | ك | إ | ت | ر | ة | ر | ة | ق | ج | ع | م | ن | م | ل |
| ي | ر | ف | ؤ | ه | ي | ح | ع | و | ق | و | د | ب | م | ا |
| ن | ب | ؤ | ن | ك | ض | غ | ا | ل | ظ | ش | ح | ت | إ | ى |
| ن | و | آ | خ | ذ | ر | د | ن | ت | ي | ئ | ح | ا | ج | آ |
| ح | ن | و | ت | و | ف | ق | ص | ق | ث | م | ر | ن | ج | ظ |

| | |
|---|---|
| بيئة | بنزين |
| البطارية | هيدروجين |
| حرارة | صناعة |
| كربون | محرك |
| وقود | نووي |
| ديزل | التلوث |
| كهربائي | قابل للتجديد |
| إلكترون | شمس |
| غير قادر علي | التوربينات |
| فوتون | ريح |

# 34 - Disciplinas Científicas

| | | | | | | | | | | | | | | |
|---|---|---|---|---|---|---|---|---|---|---|---|---|---|---|
| ك | ع | ل | م | ا | ل | ح | ر | ك | ة | ض | م | خ | ز | ط |
| ي | إ | ت | ث | ؤ | ع | ع | ل | م | ا | ل | آ | ث | ا | ر |
| م | ى | س | ف | ن | ل | ا | م | ل | ع | ن | س | ش | ط | ا |
| ي | م | خ | ل | ي | م | ع | ل | م | ا | ل | ف | ل | ك | ل |
| ا | غ | خ | ن | د | ا | ع | م | ل | ا | م | ل | ع | س | ف |
| ء | ش | خ | ش | ا | ل | ن | ب | ى | ش | ظ | ن | ا | و | ي |
| ت | ش | ر | ي | ح | م | ب | ح | ع | ت | غ | ذ | ي | ة | ز |
| ا | ظ | ئ | إ | ي | ن | ص | ص | ل | ث | ر | ف | ج | ب | ي |
| ب | ا | ك | ي | ن | ا | ك | ي | م | ح | ق | ح | و | ي | ا |
| ن | ل | ب | ا | ص | ع | أ | ل | ا | م | ل | ع | ل | و | ء |
| ل | ش | ك | ط | ظ | ة | ق | ل | ل | س | ل | ث | و | ل | ش |
| ا | ي | ج | و | ل | و | ي | ج | ب | ط | ي | ا | ي | و | ح |
| م | ت | ذ | إ | آ | ر | إ | غ | ي | م | س | ز | ز | ج | ط |
| ل | ل | س | ا | ن | ي | ا | ت | ئ | ئ | م | ح | ي | ي | ت |
| ع | ئ | ث | و | ئ | ج | ع | د | ة | آ | ى | ة | ف | ا | ل |

تشريح
علم الآثار
علم الفلك
بيولوجيا
علم النبات
علم الحركة
علم البيئة
فيزيولوجيا
الفيزياء

جيولوجيا
علم المناعة
لسانيات
ميكانيكا
علم المعادن
علم الأعصاب
تغذية
علم النفس
كيمياء

# 35 - Meditação

| | | | | | | | | | | | | | | |
|---|---|---|---|---|---|---|---|---|---|---|---|---|---|---|
| ه | ظ | ا | ط | ح | ص | ط | ا | س | ق | ف | ة | ط | غ | ف |
| ا | ل | م | ن | ظ | و | ر | ا | ل | ل | ط | ظ | ب | ت | ى |
| ب | ت | ث | ظ | ع | آ | ك | ل | ع | م | ا | س | ي | ق | ط |
| ت | ة | ع | ق | ل | غ | ش | ل | ق | ا | و | م | ع | ت | ث |
| ن | ص | ض | ي | إ | ب | غ | ط | ل | ل | ف | ق | ة | ف | ع |
| ا | م | إ | ت | ق | ح | د | ف | ي | ع | ى | ذ | ف | ك | ن |
| ت | ئ | ظ | س | آ | ي | آ | ئ | ر | و | آ | ر | ئ | ى | ق |
| ع | ذ | ص | م | ق | ي | ة | ب | ق | ا | ر | م | ل | ا | ب |
| ط | و | ض | و | ح | أ | ب | و | ك | ط | ر | ي | ش | ن | و |
| ف | ت | ن | ث | ح | إ | ف | ة | ا | ف | ئ | ل | س | ط | ل |
| آ | م | و | س | ي | ق | ى | ك | ئ | ض | ا | ا | د | آ | ز |
| ظ | ص | ز | إ | ي | ي | ج | ر | ا | ظ | ك | ع | ع | ص | د |
| ى | ل | خ | ظ | ح | ز | خ | ح | ى | ر | ت | ت | ئ | ا | ب |
| ف | ا | ظ | ن | ظ | ض | ص | ن | ت | ج | ى | د | إ | ج | ق |
| ة | ي | ث | ل | ط | ف | ذ | د | ب | ئ | ل | م | ة | س | غ |

قبول
مستيقظ
انتباه
اللطف
وضوح
عطف
العواطف
تعاليم
شكر
عقلي

عقل
حركة
موسيقى
طبيعة
المراقبة
سلام
أفكار
المنظور
الموقف
الصمت

# 36 - Moda

| | | | | | | | | | | | | | | |
|---|---|---|---|---|---|---|---|---|---|---|---|---|---|---|
| ش | ا | م | ق | ي | إ | ك | ظ | ؤ | ب | ت | م | د | خ | ج |
| و | ت | ف | ى | ئ | ب | ى | ز | ب | س | س | ز | ص | ط | د |
| ز | ج | ي | س | ن | ع | س | ج | ظ | ز | آ | ي | ل | م | ع |
| ق | ا | ئ | ت | ر | م | د | ا | ا | س | ص | ر | ط | إ | د |
| ص | ه | ك | و | ش | ك | إ | ا | ل | غ | ش | ط | ت | ط | ب |
| ح | د | ي | ث | ة | ل | ئ | ل | ح | ل | ص | ت | ئ | د | ل |
| ج | و | ت | آ | ق | ف | ا | د | د | م | ى | س | ئ | ى | س |
| ظ | ك | و | غ | ا | ة | ن | ا | ا | ع | ل | ت | ا | ذ | ش |
| ع | م | ب | ب | س | ح | م | ن | ل | ة | ل | ة | م | ط | ف |
| ق | م | ل | إ | ت | ح | ط | ت | أ | ض | د | ك | ر | أ | ي |
| و | ك | ر | ا | ر | ز | أ | ي | د | خ | غ | ك | م | ن | ع |
| ظ | ع | خ | ي | ب | ى | ف | ل | ن | و | غ | ز | ت | ي | ا |
| ص | ش | د | ل | ح | س | إ | ر | ى | ز | و | غ | ط | ق | ى |
| ر | ح | م | ص | ا | ؤ | ذ | ظ | ط | ق | ي | ا | س | ا | ت |
| س | ق | ظ | أ | آ | ط | م | ت | و | ا | ض | ع | ش | ق | ش |

متواضع
أصلي
عملي
الدانتيل
ملابس
بسيط
قماش
اتجاه
نسيج

تطريز
أزرار
بوتيك
مكلفة
مريح
أنيق
نمط
قياسات
الحد الأدنى
حديث

# 37 - Instrumentos Musicais

| | | | | | | | | | | | | | | |
|---|---|---|---|---|---|---|---|---|---|---|---|---|---|---|
| ه | ب | ح | ذ | ش | ا | غ | ش | ج | م | ة | م | ن | ص | ف |
| ا | ل | ت | ش | ي | ل | و | ت | غ | ة | ر | ز | ن | ق | ظ |
| ر | خ | ؤ | ف | ش | م | ط | و | ش | ز | ا | م | آ | و | ا |
| م | ا | و | و | آ | ز | ر | ا | ف | ل | ث | ا | ف | ظ | ز |
| و | ل | م | ظ | ذ | م | ح | غ | ب | م | ي | ر | ك | ؤ | غ |
| ن | ت | ئ | ش | ذ | ا | ز | ا | ي | ا | ق | ل | ذ | إ | ج |
| ي | ر | خ | إ | ؤ | ر | ن | ز | د | ر | س | و | ق | ا | ن |
| ك | و | ع | ر | ق | ج | ي | م | ق | ي | ب | ي | ا | ن | و |
| ا | م | ا | ي | و | ظ | ل | ب | ؤ | م | ي | ا | ن | س | ف |
| ن | ب | ى | غ | ا | ش | و | ؤ | ط | ب | ل | ا | و | ف | س |
| ذ | و | ز | ص | إ | ق | د | ز | ت | ا | م | ف | س | د | ك |
| و | ن | ش | ف | ض | ن | ن | ج | ن | ك | ر | ل | ا | ض | ا |
| خ | ف | ر | د | س | ئ | م | ض | غ | ظ | ح | ز | ب | س | س |
| ن | ع | د | ظ | س | ذ | ي | ل | ج | ض | إ | إ | ؤ | ظ | ك |
| ز | ت | ق | ت | د | ش | ع | م | ذ | و | م | ش | ض | ش | ن |

دف صغير
قرع
بيانو
ساكسفون
طبل
الترومبون
بوق
قيثارة
كمان
التشيلو

مندولين
البانجو
مزمار
باسون
ناي
هارمونيكا
ناقوس
جنك
ماريمبا
المزمار

# 38 - Adjetivos #2

| | | | | | | | | | | | | | | |
|---|---|---|---|---|---|---|---|---|---|---|---|---|---|---|
| م | م | ب | ؤ | ف | ض | ة | م | ة | ذ | م | س | ظ | ؤ | ن |
| و | و | س | ظ | ف | ج | ب | آ | ا | ت | ة | ر | ن | ل | ح |
| ه | ت | م | ط | ح | ط | ش | م | ف | ل | و | ث | ث | ق | م |
| و | ل | د | ي | ذ | ظ | و | ت | غ | ن | ح | ت | ي | ي | ي |
| ب | ز | آ | ى | ق | ى | ع | ا | ل | ج | د | ي | د | ن | ع |
| م | س | ب | ج | م | س | ا | إ | و | ئ | ر | ح | ك | أ | ي |
| ص | ط | ص | ا | و | ك | د | ح | ؤ | ث | أ | ص | ل | ي | ب |
| م | و | غ | ف | آ | م | ي | ق | س | خ | ز | ى | م | و | ط |
| ة | ش | ف | خ | و | ر | ل | ى | م | ش | ث | ر | ط | ق | و |
| ز | ش | ه | ق | ا | ل | خ | خ | م | ة | ئ | ق | ج | ؤ | ز |
| د | ك | غ | و | س | م | ي | ك | ش | س | ذ | ح | ة | ز | ش |
| خ | ع | ا | ش | ر | ز | ر | ة | ى | ض | ب | ذ | ح | غ | ش |
| ى | ؤ | ر | م | د | ي | ب | ب | ن | إ | ك | ك | ب | إ | ذ |
| ص | ع | ع | ث | م | غ | م | ت | ا | إ | ن | ت | ا | ج | ي |
| و | ص | ف | ي | س | غ | ى | ظ | ب | ة | ظ | ؤ | آ | ص | ب |

أصلي
خلاق
وصفي
موهوب
أنيق
مشهور
قوي
سميك
مشوق
طبيعي

عادي
الجديد
فخور
إنتاجي
نقي
مسؤول
مالح
صحي
جاف
بري

# 39 - Roupas

| | | | | | | | | | | | | | | |
|---|---|---|---|---|---|---|---|---|---|---|---|---|---|---|
| ق | ل | ا | د | ة | ع | ب | ق | ع | ن | ك | ع | ص | ر | ى |
| ث | ا | ن | ة | ر | ظ | ص | ة | ئ | ل | ج | و | ث | ل | ش |
| ل | و | د | غ | ت | ا | ز | ا | ف | ق | ز | ذ | ل | ئ | ا |
| ط | ر | ة | م | س | ض | ج | ي | آ | ى | س | ج | ق | إ | ض |
| م | س | ر | س | ق | م | ح | ت | ت | ك | س | خ | ص | ذ | ق |
| ئ | ى | ا | ف | ب | ل | و | ز | ة | ر | ت | س | ل | ا | ل |
| ز | ز | ذ | ت | ط | ة | ظ | ج | ق | ح | ق | ش | ج | ق | ذ |
| ر | ل | م | إ | ص | ع | ق | ي | آ | ت | ذ | س | ى | ز | ش |
| ل | ب | ا | س | ن | و | م | ص | خ | ن | ج | ا | و | ة | ك |
| م | و | ض | ة | ج | و | ا | ر | ب | و | ي | ص | ء | ا | ة |
| ق | م | ي | ص | ف | ص | ز | ذ | ا | ر | ن | ن | ف | م | ر |
| ض | و | م | آ | س | ز | ح | ف | آ | ة | ز | ا | و | ا | ن |
| خ | ة | ج | ح | ت | ي | ز | ز | ى | ر | م | د | ن | ط | ا |
| م | ل | آ | ن | ا | ح | ا | ى | ة | آ | ق | ل | ي | إ | غ |
| ن | ى | خ | ط | ن | م | ل | ظ | ز | ض | ث | د | ز | ح | ر |

قفازات
جوارب
موضة
لباس نوم
سوار
تنورة
صنادل
حذاء
سترة
فستان

مئزر
بلوزة
سروال
قميص
معطف
قبعة
حزام
قلادة
السترة
جينز

# 40 - Herbalismo

| | | | | | | | | | | | | | | |
|---|---|---|---|---|---|---|---|---|---|---|---|---|---|---|
| ن | ا | ح | ي | ر | ا | م | ط | ر | ز | ج | ع | ب | ش | خ |
| ك | ا | ث | ز | و | ل | ا | ر | غ | ع | و | د | ن | ب | ز |
| ه | م | ف | ي | د | ش | ل | ض | د | ذ | د | ب | ى | ص | ا |
| ة | ؤ | ل | ص | ح | م | ع | خ | ت | ق | ة | غ | م | ض | م |
| إ | ر | ز | ب | د | ر | ن | أ | ق | ش | و | ص | ق | ج | ى |
| ك | ش | ه | م | ي | ة | ص | ص | ن | ي | ش | ش | س | ح | س |
| ل | ز | م | ز | ق | ر | ر | ز | ع | ف | ر | ا | ن | ط | غ |
| ي | ع | خ | ع | ة | ب | إ | ا | ل | ط | ر | خ | و | ن | ت |
| ل | ت | ق | آ | ق | ز | خ | غ | ن | آ | ث | ت | د | خ | ظ |
| ا | ر | ك | ن | ن | ك | و | ن | ر | ث | إ | ة | ق | ح | ش |
| ل | ع | ع | ك | ة | ل | ط | ح | ص | س | غ | آ | ب | ت | ي |
| ج | ص | و | ف | ئ | ج | ا | ر | ل | ض | ل | ك | ح | س | ب |
| ب | ث | و | م | ا | ف | ع | ط | ر | ي | ح | ة | ف | ذ | ر |
| ل | ر | ث | ة | ش | ج | ض | س | ج | و | ي | ع | ظ | ؤ | ي |
| ر | ط | ط | ي | ك | آ | ج | غ | م | ن | ف | ؤ | س | ز | ت |

زعفران
إكليل الجبل
ثوم
عطري
مفيد
كزبرة
الطرخون
زهرة
الشمرة
العنصر

حديقة
خزامى
ريحان
مردقوش
مصنع
جودة
نكهة
بقدونس
زعتر
أخضر

# 41 - Arqueologia

| | | | | | | | | | | | | | | |
|---|---|---|---|---|---|---|---|---|---|---|---|---|---|---|
| ع | ص | ر | ط | خ | ث | ن | ب | ك | و | ص | ث | ا | ا | ف |
| د | ث | ش | ذ | خ | ط | ح | ف | ر | ي | ة | س | ك | ل | ر |
| ا | د | ق | ة | و | ض | ا | ا | ي | ي | ق | و | ت | ك | ي |
| آ | ع | ق | ج | ث | آ | ن | ظ | ب | ى | إ | ؤ | ي | ا | ق |
| ط | ة | ض | ح | ل | ئ | ن | ص | ق | ؤ | خ | ن | ظ | ئ | م |
| د | ع | د | ف | آ | ر | ح | ز | ذ | ج | ب | ط | إ | ن | ص |
| ل | ظ | آ | ذ | ي | ا | ت | ا | ت | ف | ي | ب | ك | ا | خ |
| و | ا | ي | ا | ق | ب | ل | ق | ي | س | ر | غ | ش | ت | ن |
| ج | م | س | ت | ا | ظ | ي | ص | ي | ر | م | ي | ئ | ا | خ |
| ك | ك | ن | س | د | ل | ل | غ | ز | ي | ح | ر | ق | و | س |
| ج | آ | م | أ | ة | ي | ح | ب | ع | ص | م | م | ب | ن | ق |
| م | ع | ب | د | س | ل | ت | ض | إ | إ | ى | ع | ر | س | ذ |
| ث | ح | ث | ز | ض | س | ز | ش | ا | آ | ق | ر | ف | م | س |
| ظ | ض | ك | آ | آ | ق | ظ | ض | ب | ر | غ | و | ر | و | إ |
| ع | ط | ذ | ط | ك | ا | ؤ | إ | غ | ع | ة | ف | ظ | إ | إ |

تحليل
سنوات
تقييم
الحضارة
سليل
غير معروف
فريق
عصر
خبير
منسي

حفرية
فتات
باحث
لغز
الكائنات
عظام
أستاذ
بقايا
معبد
قبر

# 42 - Agronomia

| | | | | | | | | | | | | | | |
|---|---|---|---|---|---|---|---|---|---|---|---|---|---|---|
| ا | ع | و | ك | ق | ف | ف | ر | س | إ | ه | ث | ي | و | ع |
| ن | ل | ت | آ | ك | ل | خ | ظ | ظ | ث | ت | و | ئ | ز | ل |
| ب | ذ | أ | ذ | ئ | ظ | ة | ؤ | س | ة | ح | ل | ي | ن | م |
| ا | ص | ي | م | خ | ي | ف | ة | إ | ؤ | ا | ت | ب | ة | ا |
| ت | س | خ | ن | ر | و | ذ | ب | ط | م | ب | ل | خ | ق | ل |
| ا | و | ت | د | ت | ا | و | ر | ض | خ | د | ا | ظ | ا | ب |
| ت | ك | ع | ظ | ش | ن | ض | ت | خ | ع | و | ش | ج | ط | ي |
| ظ | غ | آ | ح | ا | م | ئ | ن | ص | ض | آ | ط | ئ | ك | ئ |
| ز | ز | ط | ذ | و | و | ك | ف | ص | خ | ح | ت | ض | ط | ة |
| إ | ر | ء | ة | ف | ت | ت | ح | ت | ش | ض | ب | س | ق | ع |
| ا | ج | ا | ت | ن | إ | ا | ل | أ | ن | ظ | م | ة | ر | ض |
| ذ | خ | م | ع | ض | ب | خ | ع | س | م | ا | د | ي | و | و |
| ف | س | ر | ت | ة | ي | ى | ل | ل | ذ | ف | س | ن | ي | ي |
| ر | ب | ع | ع | ك | ئ | ا | م | م | ت | ت | ج | ل | ئ | ة |
| ى | ج | غ | و | ة | ة | غ | ظ | ر | ص | ف | آ | ا | ة | د |

زراعة
بيئة
ماء
علم
نمو
الأمراض
علم البيئة
طاقة
تآكل
سماد

هوية
خضروات
عضوي
نباتات
التلوث
إنتاج
قروي
بذور
الأنظمة
تربة

# 43 - Frutas

| | | | | | | | | | | | | | | |
|---|---|---|---|---|---|---|---|---|---|---|---|---|---|---|
| ج | خ | غ | و | ى | د | ن | ر | ئ | ك | ؤ | ب | ل | ظ | ة |
| س | و | د | ا | ك | و | ف | أ | ع | س | آ | ل | ة | ظ | ض |
| ذ | خ | ز | ك | ر | ك | س | ص | ئ | م | و | ا | ف | ث | ش |
| ش | ط | و | ا | م | ا | م | ش | ز | ث | ب | ك | د | ا | ك |
| ق | ب | م | ض | ل | ث | ت | ي | ن | غ | ؤ | ب | ت | ل | ف |
| ل | ي | م | و | ن | ه | ر | م | ش | م | ش | ي | ى | ت | م |
| ؤ | د | ى | ج | ط | ع | ن | ى | آ | ض | ز | ر | ك | ف | ت |
| خ | ك | ج | ن | ذ | ئ | ص | د | ج | ذ | ز | ي | ؤ | ا | ر |
| غ | آ | ن | ا | ض | ا | ي | ل | ا | ق | ت | ر | ب | ح | د |
| ز | ك | إ | م | ج | ئ | ح | ت | د | ز | ص | ي | س | ح | ش |
| آ | ق | ي | ل | ع | ل | ا | ت | و | ت | ك | ب | ف | ى | ص |
| ل | ك | ؤ | و | ة | ض | ق | ى | ن | ض | س | إ | ل | ز | ذ |
| ب | إ | ة | ف | ي | ش | خ | ق | ب | ا | ب | ا | ي | ا | ؤ |
| ق | ز | ك | ف | آ | أ | ن | ا | ن | ا | س | ح | ج | ل | ز |
| ط | غ | ك | ج | ح | ف | ث | ر | ع | س | ئ | ج | س | ة | ك |

أفوكادو
أناناس
بلاك بيري
بيري
موز
كرز
جوز الهند
مشمش
تين
توت العليق

كيوي
برتقالي
ليمون
تفاح
بابايا
مانجو
شمام
كمثرى
خوخ
عنب

# 44 - Corpo Humano

| | | | | | | | | | | | | | | |
|---|---|---|---|---|---|---|---|---|---|---|---|---|---|---|
| ر | ج | ل | ج | ر | ع | غ | ئ | أ | ل | ع | ض | ت | ص | ز |
| خ | غ | ي | ب | غ | ف | ذ | ك | ت | ذ | غ | ح | ر | ف | ف |
| س | ث | ز | ط | ؤ | ض | ا | ا | ر | ذ | ن | ر | ض | ش | ف |
| س | ي | ئ | ر | ك | ب | ة | ح | ز | ك | ق | إ | ص | ب | ع |
| ؤ | د | غ | م | ف | ة | ل | ل | م | ل | ى | ح | م | ق | ق |
| ظ | ث | ص | د | ض | ح | ا | ق | ف | خ | إ | ش | ص | ش | ف |
| ح | ض | ق | ف | ح | ك | ق | ش | م | ئ | ض | ض | غ | و | ا |
| ي | ث | ظ | ظ | ر | د | ي | ع | ي | ن | ع | ل | ك | س | آ |
| ى | ا | ة | ح | ح | ق | ق | ف | ح | إ | ج | ج | ن | ج | ن |
| ح | و | ط | ك | ب | ى | و | ص | ي | ى | ط | ل | خ | ع | و |
| ث | ت | ل | و | ا | ك | ذ | ث | ع | د | ق | ى | د | ة | ر |
| س | د | ر | ع | ف | ت | ح | ئ | ز | م | ج | ب | ه | ة | ط |
| ي | ن | ق | ذ | ض | ف | ي | ر | ط | ا | ع | ص | ئ | ك | ض |
| د | ك | ب | ؤ | ا | ك | ي | ؤ | ئ | غ | ع | خ | ن | ث | آ |
| ي | ت | ة | ب | ح | ش | ئ | ا | ك | ح | ا | أ | ن | ف | د |

فم
رئيس
دماغ
قلب
كوع
إصبع
ركبة
فك
يد
أنف

عين
كتف
أذن
جلد
رجل
رقبة
ذقن
دم
جبهة
كاحل

# 45 - Restaurante #1

| | | | | | | | | | | | | | | |
|---|---|---|---|---|---|---|---|---|---|---|---|---|---|---|
| ك | ف | خ | س | ظ | ة | د | خ | ل | ح | ذ | إ | ص | ى | ل |
| آ | س | ظ | ؤ | ح | ف | ج | ئ | ر | ل | س | ن | ن | ت | ى |
| ب | ر | ل | ع | ص | ت | ا | ق | ه | و | ة | ز | ن | ض | ئ |
| ة | م | س | خ | ر | غ | ج | ذ | م | ى | ة | ا | ظ | خ | ل |
| ح | ن | ح | ك | ا | ش | ت | ؤ | ض | و | و | ح | ق | ب | ط |
| ظ | د | ص | ن | ف | ى | آ | ا | ة | ل | ب | ر | ز | ط | ط |
| ب | ي | غ | ئ | ؤ | ر | ط | م | ا | غ | ذ | ي | ل | م | د |
| م | ل | ة | م | ئ | ا | ق | ل | د | ئ | ز | ب | خ | ح | ؤ |
| ذ | ج | ي | ؤ | ة | ت | ط | ت | ا | ن | و | ك | م | ل | و |
| ذ | ز | س | ع | ف | ع | ج | م | ت | ي | م | ة | ص | ل | ص |
| آ | ظ | ا | ت | ا | ا | د | ن | ت | ب | ح | ل | ج | و | س |
| ل | ض | س | م | خ | ض | ب | غ | ق | ا | ب | د | ع | ك | خ |
| و | ى | ح | ط | ج | ز | ج | ح | ر | ي | و | ا | ي | ق | ض |
| ى | ع | ذ | ص | ب | ي | ض | ن | ى | ك | ث | ن | ث | ك | ص |
| غ | ء | ا | ع | و | ت | ث | و | د | ؤ | ة | م | ع | ض | ج |

مكونات
قائمة
صلصة
خبز
حار
طبق
حجز
حلوى
وعاء

حساسية
قهوة
صراف
لحم
لتناول الطعام
مطبخ
سكين
دجاج
نادلة
منديل

# 46 - Caminhada

| | | | | | | | | | | | | | | |
|---|---|---|---|---|---|---|---|---|---|---|---|---|---|---|
| ا | غ | ك | ج | ث | ش | ل | ض | ث | ش | ض | ص | ب | ئ | د |
| ؤ | ل | ي | ؤ | ث | ق | ي | ل | غ | ط | ز | ظ | ؤ | ت | ش |
| إ | ب | ح | ض | ر | ي | ض | ح | ت | إ | ظ | ة | ش | خ | ط |
| غ | ج | ف | د | ط | ا | ط | ض | ذ | د | م | ر | و | ي | غ |
| ص | ض | ق | ء | ا | م | ل | ب | ؤ | م | ن | ا | خ | ي | ز |
| إ | ج | ك | س | خ | ئ | ة | ح | ي | خ | ظ | ج | ح | م | ز |
| خ | ز | آ | س | م | ش | ق | ن | ي | ع | ظ | ح | د | أ | ج |
| ؤ | ى | ط | ق | ل | ص | ؤ | م | ج | و | ة | ل | ر | ح | ر |
| ع | ب | ث | ط | ا | ف | م | ت | خ | ك | ا | ا | ح | ذ | ف |
| خ | ر | ي | ط | ة | ؤ | ج | ع | د | و | ا | ن | ظ | ي | ل |
| ا | ت | ج | ا | ه | ق | ر | ب | ف | ئ | ل | خ | ا | ة | ذ |
| ق | ط | ة | ث | ص | ح | خ | ظ | د | ذ | ب | آ | ى | ت | ك |
| ك | خ | آ | غ | ح | إ | ب | ر | ي | ئ | ع | ؤ | ظ | ر | ك |
| س | ح | ى | خ | ر | ة | ؤ | غ | و | إ | و | آ | ص | ى | ن |
| ث | ظ | ى | و | ظ | ن | ئ | د | ط | ح | ض | خ | ص | ج | إ |

تخييم
الحيوانات
ماء
أحذية
متعب
مناخ
خريطة
جبل
البعوض
طبيعة

اتجاه
الحدائق
الحجارة
جرف
المخاطر
ثقيل
تحضير
بري
شمس
طقس

# 47 - Biologia

| | | | | | | | | | | | | | | |
|---|---|---|---|---|---|---|---|---|---|---|---|---|---|---|
| ا | ي | ر | ي | ت | ك | ب | ن | و | ب | ص | ع | ج | ع | ط |
| و | ل | ي | ح | إ | إ | س | ب | و | ا | ص | ى | ن | ص | ف |
| إ | ر | ز | غ | ا | آ | ة | ا | ل | س | ئ | ت | ي | ب | ر |
| ض | ج | ذ | و | ذ | ي | ي | ت | ط | ث | و | ي | ن | ك | ة |
| ب | ق | ذ | ن | ا | غ | ث | ا | ا | ل | م | ش | ب | ك | س |
| ا | ن | ز | ي | م | ح | ؤ | ت | ا | ي | ي | د | ث | ل | ا |
| ق | ش | ص | ع | و | ي | ف | ي | ت | ن | ا | ض | ج | ئ | ئ |
| ن | غ | ز | ي | س | ر | ا | ل | ك | و | ل | ا | ج | ي | ن |
| م | ر | ئ | ب | و | ش | و | ظ | ه | خ | ل | ي | ة | ت | آ |
| ع | آ | ق | ط | م | ت | ع | ط | ئ | ر | ئ | ق | ؤ | ق | ز |
| ص | ح | آ | ظ | و | ا | ف | ذ | ت | ؤ | م | غ | ح | ا | ص |
| س | ش | ش | خ | ر | س | ت | ك | ا | ف | ل | و | ث | ة | ف |
| ص | و | ص | ص | ك | م | ا | ف | ف | ذ | ا | ى | ن | ز | ن |
| آ | ف | ق | ش | ذ | ي | إ | ة | آ | ي | ؤ | ظ | ط | ص | ر |
| ب | ر | و | ت | ي | ن | ك | ع | م | ع | ي | ت | ث | ؤ | ظ |

طفرة
طبيعي
عصب
عصبون
تناضج
نباتات
بروتين
الزواحف
تكافل
المشبك

تشريح
بكتيريا
خلية
الكولاجين
كروموسوم
جنين
انزيم
تطور
هرمون
الثدييات

# 48 - Beleza

ك ظ ت ي ة ن ز ث ق ك آ آ ئ ر آ
م ع ح ت ج ع ي د ا ل ش ع ر ب ن
ئ ز ى ك ج ز و ل ل ق أ ل ح ى ق
و م ن ت ج ا ت ج ح ن د ي ن ض ط
ن ج م ا س ك ا ر ا إ ش ع و آ آ
ن ش ع ط و ر م ق ص إ م خ ل ذ ج
ك ت أ ن ي ق ة ح ا ة د د ل خ ذ
د ى و ط س ي و ب م ا ش م ا ر ل
ل ك ف ح ب ق ك م ا ك ي ا ج ق م
ر س ر و ف ة آ ر م ة ش ت ض ص آ
ز ح ق ه ا ف ش ل ا ر م ح أ ب ز
ل غ ع ى ل ع ا ض ح آ ر خ ك ر إ
ت إ ن س ا د ص ف ح ا ئ ر س ت د
ى م ع ا ن ع ظ ق ن ش ل م ة ز س
ع خ ة ن ط ت ظ ي آ ج ة ئ ل ح ا

نعمة
ماكياج
زيوت
جلد
منتجات
ماسكارا
خدمات
ناعم
مقص
شامبو

أحمر الشفاه
تجعيد الشعر
سحر
اللون
أنيق
أناقة
مرآة
حلاق
رقيق
عطور

# 49 - Filantropia

| | | | | | | | | | | | | | | |
|---|---|---|---|---|---|---|---|---|---|---|---|---|---|---|
| ا | ة | ل | ي | د | ز | ز | ظ | ع | إ | س | ل | ش | ا | ب |
| د | ل | ا | ص | ت | ا | ل | ا | ت | ا | ه | ج | ع | ل | ج |
| ب | و | أ | أ | م | و | ا | ل | ث | خ | ؤ | ق | ب | ت | ث |
| ء | د | و | ط | ف | ق | ظ | ط | ف | ى | ث | ع | ج | ا | ح |
| ا | ص | ذ | ل | ف | ا | د | ه | أ | ل | ا | ك | ج | ر | ض |
| خ | ل | م | ذ | ر | ا | ة | ب | ي | ظ | ق | ك | م | ي | و |
| س | ى | ب | ل | ة | ي | ل | ا | م | ل | ا | ر | ج | خ | إ |
| ص | ل | ا | ر | ت | ي | ت | غ | ل | إ | ش | ح | م | ت | ب |
| ع | ا | ب | آ | ا | ة | ل | م | ا | ص | ة | ز | و | ش | آ |
| ف | ت | ش | ط | ي | م | ل | ب | ع | و | د | ص | ع | ض | ش |
| ر | ن | ر | ع | د | ه | ج | ص | ر | ل | غ | ق | ا | د | و |
| ز | ن | م | ا | ح | م | ة | و | ب | ب | غ | س | ت | ا | خ |
| ؤ | ع | و | م | ت | ف | خ | د | ت | ج | غ | خ | ز | ب | ض |
| غ | ذ | ف | ة | ل | ع | ش | ى | ج | ف | ظ | ة | ل | ح | م |
| ث | ة | ي | ن | ا | س | ن | إ | ل | ة | ك | ص | ث | س | د |

التاريخ
الصدق
إنسانية
شباب
مهمة
الأهداف
شعب
البرامج
عام

ملة
جهات الاتصال
الأطفال
التحديات
تبرع
المالية
أموال
سخاء
عالمي
مجموعات

# 50 - Ecologia

| | | | | | | | | | | | | | | |
|---|---|---|---|---|---|---|---|---|---|---|---|---|---|---|
| ص | خ | ك | ض | ص | ط | ن | ط | ل | ن | ا | غ | ت | و | د |
| إ | ذ | و | ع | ص | ع | ب | ش | ل | ن | و | ع | س | ج | آ |
| ش | س | س | خ | ر | ط | س | ي | خ | خ | ك | ن | ش | ج | م |
| ص | ز | م | ئ | إ | ة | ص | ل | ع | س | ة | ظ | ج | ؤ | ى |
| ض | غ | ئ | س | غ | ت | و | ث | إ | ي | ر | س | ف | ة | ت |
| ط | و | ى | خ | ت | ا | ل | ب | ح | ر | ي | ة | ا | ج | ن |
| آ | ب | ة | س | إ | د | ظ | ئ | آ | ا | ح | ن | ف | ف | ا |
| ل | ر | ي | ظ | ف | ت | ا | ن | ا | و | ي | ح | ل | ا | ل |
| ة | ك | ت | ع | ض | ة | ر | م | ق | ه | م | ؤ | ئ | ق | ج |
| د | ر | ا | ح | ة | ت | ن | و | ع | ا | م | ذ | و | م | ب |
| ع | ن | ب | ا | ت | ا | ت | ا | ع | م | ت | ج | م | ن | ا |
| ا | ث | ن | إ | و | ا | ل | م | و | ا | ر | د | ل | ا | ل |
| ل | ب | ل | ز | ن | و | ع | و | ط | ت | م | ل | ا | خ | ة |
| م | ز | ا | ح | ب | ن | غ | ى | ا | ن | ك | غ | ص | ر | ئ |
| ي | ذ | ك | ف | ت | ض | ة | ن | ذ | ز | ئ | ح | ك | ن | ع |

طبيعة
اهوار
نباتات
الموارد
جفاف
نجاة
مستدام
نوع
نبت
المتطوعون

مناخ
مجتمعات
تنوع
الحيوانات
النباتية
عالمي
الموئل
البحرية
الجبال
طبيعي

# 51 - Família

| | | | | | | | | | | | | | | |
|---|---|---|---|---|---|---|---|---|---|---|---|---|---|---|
| ا | و | ش | د | ئ | ف | ؤ | أ | ب | س | غ | ر | آ | ة | ش |
| ف | ب | د | ر | ف | د | ز | ج | ص | ش | م | غ | س | ظ | ق |
| ض | خ | ن | أ | خ | ت | ى | د | ي | ف | ح | م | ؤ | آ | ي |
| ت | ل | ز | أ | خ | ظ | ن | ة | ج | و | ز | ئ | ة | د | ق |
| م | ز | ئ | س | خ | ج | ق | غ | غ | ا | ب | ع | ط | ا | ع |
| غ | ع | ة | ت | خ | ا | ت | خ | ف | ل | س | ة | ع | ل | ل |
| ب | ج | ج | ز | و | ل | ح | ت | ع | أ | ر | ك | ث | ز | ذ |
| ي | ذ | س | خ | ؤ | أ | س | خ | س | م | ع | ل | ا | و | ر |
| ا | ب | ن | ة | غ | ب | غ | ق | ص | أ | ط | ف | ل | ج | ذ |
| ا | ل | أ | ط | ف | ا | ل | و | ن | ج | ض | ب | ى | ظ | ظ |
| ا | غ | ن | ذ | د | ذ | ل | ك | ش | ي | ب | ج | د | ج | ظ |
| ح | ب | م | ر | ح | ل | ة | ا | ل | ط | ف | و | ل | ة | ث |
| ع | و | ن | ن | ح | و | ص | ا | إ | ظ | ن | ل | ؤ | ض | ج |
| م | ط | ث | ع | س | إ | ث | ظ | ف | ط | د | ر | ح | ئ | ض |
| ة | آ | ح | س | م | ط | غ | ك | ص | ؤ | ر | ج | س | آ | ع |

الزوج
الأم
أم
حفيد
أب
الأب
ابن عم
ابن أخ
عمة
العم

سلف
جدة
جد
طفل
الأطفال
زوجة
ابنة
مرحلة الطفولة
أخت
شقيق

# 52 - Férias #2

| | | | | | | | | | | | | | | |
|---|---|---|---|---|---|---|---|---|---|---|---|---|---|---|
| ز | ذ | ل | س | ئ | ي | ا | ح | خ | ا | ئ | ج | ض | ة | ض |
| ث | د | ج | ل | ة | ق | ف | ل | ن | و | ق | ز | ض | ؤ | ؤ |
| إ | ص | ش | ا | ط | ئ | إ | و | ت | ك | ا | ي | ل | ش | ا |
| ا | ف | ب | ب | ي | ب | ن | ج | أ | ح | ج | ر | ة | ذ | ة |
| ر | ئ | إ | ج | ر | ا | ط | م | ا | ث | ف | ة | ن | ت | غ |
| و | ض | ف | ل | خ | ع | ط | ل | ة | ب | ر | ظ | ت | ي | ج |
| ص | ج | ج | ا | و | ق | آ | ك | ب | ح | ف | ت | ا | ف | ج |
| ل | ة | ه | ي | ف | ر | ت | ل | ا | ر | ى | أ | ج | ت | ر |
| ا | ق | ؤ | ة | م | ي | خ | م | ط | ع | م | ش | و | ك | ح |
| ؤ | ل | ت | ا | ك | س | ي | ك | ض | ن | ؤ | ي | ا | ك | ل |
| ق | ظ | ن | س | ذ | ى | ذ | ؤ | ذ | ش | ح | ر | ز | ت | ة |
| إ | ت | ل | ق | ر | ص | ظ | ة | خ | ن | د | ة | س | ح | ش |
| ل | ا | ق | د | ل | ي | ب | ظ | ح | ق | ر | ح | ف | و | ل |
| ث | ت | ة | ن | ى | ذ | ؤ | ك | م | ح | د | ا | ر | ف | س |
| ت | ح | ة | ف | ز | ث | ذ | ش | ش | ث | خ | غ | ب | ع | ي |

مطار
وجهة
أجنبي
عطلة
الصور
فندق
جزيرة
الترفيه
خريطة
بحر

الجبال
جواز سفر
شاطئ
التحفظات
مطعم
تاكسي
خيمة
النقل
رحلة
تأشيرة

# 53 - Edifícios

| | | | | | | | | | | | | | | |
|---|---|---|---|---|---|---|---|---|---|---|---|---|---|---|
| ئ | إ | ى | س | ئ | ص | ظ | ي | م | إ | ذ | و | ب | ج | ل |
| ئ | ب | ح | و | ة | ل | ل | ر | ي | د | ل | د | آ | ن | ص |
| ب | خ | ى | ب | ب | م | ؤ | م | ح | ئ | ى | آ | ظ | آ | ج |
| ق | ة | ع | ر | ز | م | ش | ق | ة | ج | ا | ر | ك | آ | ف |
| ي | ف | ص | م | ج | ف | ي | س | ع | ر | ب | ت | خ | م | ن |
| ظ | ق | ط | ا | خ | و | ع | د | ل | ب | ا | ى | غ | ف | د |
| س | ض | ئ | ر | و | ي | ذ | ؤ | ق | ع | ا | ف | ح | ظ | ق |
| س | ا | ق | ك | ث | ج | م | ح | و | ل | ق | ش | س | ح | و |
| ي | ع | ذ | ت | ك | ا | ت | ة | خ | م | س | ت | ف | ل | خ |
| ن | ق | ن | غ | ا | م | ي | ر | ت | ح | ر | س | م | خ | ا |
| م | م | ر | ص | د | ع | غ | ي | ظ | ا | ج | م | د | د | ش |
| ا | م | ا | و | م | ة | خ | ظ | م | ت | ح | ف | ر | ط | إ |
| ك | و | ظ | ح | ت | ز | ى | ح | ئ | ى | ؤ | آ | س | ك | ط |
| ى | ب | ع | ز | ا | ج | ض | م | ئ | ق | س | ذ | ة | و | ي |
| ر | ت | ب | ت | ح | ن | ز | ى | ة | ف | ش | ع | ث | ي | ر |

شقة
قلعة
حظيرة
سينما
السفارة
مدرسة
ملعب
مزرعة
مصنع
كراج

مستشفى
فندق
مختبر
متحف
مرصد
سوبر ماركت
مسرح
خيمة
برج
جامعة

# 54 - Xadrez

| | | | | | | | | | | | | | | |
|---|---|---|---|---|---|---|---|---|---|---|---|---|---|---|
| م | ج | ت | ج | م | س | ذ | ة | د | و | ر | م | ؤ | ض | ر |
| غ | ن | ل | ث | ل | إ | ج | ث | ظ | ح | ع | ب | ز | ب | ؤ |
| إ | ب | ا | و | ك | ئ | ن | ؤ | غ | ئ | ط | ن | ح | ؤ | ر |
| س | ا | ج | ف | ة | ص | ئ | م | ؤ | ت | خ | ي | ر | ط | ق |
| ت | ل | ج | ة | س | إ | ي | خ | آ | خ | ئ | ل | آ | ا | ت |
| ر | ت | د | غ | ز | ة | ص | ك | ب | إ | إ | ل | ة | ق | ت |
| ا | ح | ظ | ص | ض | غ | ا | ذ | ط | ن | ض | م | ق | ن | آ |
| ت | د | ع | ا | و | ق | ط | د | ل | آ | ب | ج | ب | ل | ا |
| ي | ي | ي | ر | ع | آ | ظ | ق | د | ذ | ض | ه | ا | ا | ش |
| ج | ا | م | ل | ع | ت | ي | ل | ئ | ة | د | و | س | أ | ة |
| ي | ت | ص | و | ك | ق | ض | ل | ا | ع | ب | ل | م | ل | ك |
| ة | إ | خ | ي | ك | و | ي | ح | ل | ث | ط | إ | غ | ل | ن |
| ك | ت | ل | خ | ف | ل | ب | ى | ي | ع | ش | ف | ى | ع | ر |
| د | ض | ا | ظ | ع | ا | أ | ن | س | ة | ب | و | ط | ب | ؤ |
| آ | د | ت | ح | ل | ش | إ | إ | ت | د | خ | ه | ك | ا | ك |

ليتعلم
أبيض
بطل
منافسة
التحديات
قطري
إستراتيجية
لاعب
لعبه
الخصم

مبني للمجهول
النقاط
أسود
ملكة
قواعد
ملك
تضحية
الوقت
مسابقة

# 55 - Aventura

| | | | | | | | | | | | | | | |
|---|---|---|---|---|---|---|---|---|---|---|---|---|---|---|
| ت | ل | ق | ا | غ | ن | ق | ف | و | ل | ك | م | ف | ا | إ |
| ح | ر | م | ص | ظ | ع | ر | م | خ | ف | ح | س | ا | م | ح |
| ض | ل | ظ | ئ | ة | ل | ر | ب | ب | ص | ة | ا | ر | ج | ش |
| ي | ت | ع | ظ | أ | ت | ج | إ | ض | ر | ن | ر | ح | ئ | د |
| ر | ؤ | ق | ط | ج | ض | د | ع | ج | ن | ة | ا | ن | ط | ط |
| ي | ى | ج | م | ا | ل | ة | ح | ا | ل | م | ل | ا | إ | غ |
| ط | ق | و | ئ | ف | ش | ل | ق | ث | ط | ض | ر | ن | ب | د |
| خ | إ | ر | ك | م | ذ | ن | ض | د | ب | ر | ح | ذ | ز | ب |
| ة | ه | ج | و | د | ض | أ | م | ن | ي | ا | ل | ل | د | ظ |
| ع | ش | ظ | ص | ي | ب | ن | ة | آ | ع | ت | ة | ة | ي | ج |
| ا | ل | ت | ح | د | ي | ا | ت | ش | ة | ب | و | ع | ص | خ |
| ج | ع | ى | ي | ج | ظ | ص | ح | م | آ | إ | ف | ط | ن | إ |
| ش | ت | خ | ج | ل | ل | ج | ح | ص | ث | ح | ر | ح | ف | ق |
| ر | آ | ق | ن | ا | آ | س | ذ | ئ | ا | ح | ص | ش | ؤ | ف |
| غ | ي | ر | ع | ا | د | ي | ث | ؤ | ا | ج | ة | ق | ض | ر |

انحراف
غير عادي
مسار الرحلة
طبيعة
الملاحة
الجديد
خطير
تحضير
أمن
مفاجأة

مرح
اصحاب
نشاط
جمال
شجاعة
فرصة
التحديات
وجهة
صعوبة
حماس

# 56 - Floresta Tropical

| | | | | | | | | | | | | | | |
|---|---|---|---|---|---|---|---|---|---|---|---|---|---|---|
| س | ز | ة | ئ | ى | ذ | خ | ق | ط | ق | ة | ئ | ة | ك | ث |
| ط | ة | ل | م | ب | ط | ى | ك | آ | ب | ر | ذ | غ | و | ي |
| خ | ب | ح | ف | ظ | م | س | ح | ا | ب | ب | آ | ز | ل | ذ |
| ت | ا | ي | ث | ت | ن | م | آ | ع | ج | ئ | س | ص | ة | ت |
| ث | غ | ش | ع | ق | ا | ط | ت | ا | ي | ي | د | ث | ل | ا |
| ي | ل | ة | ة | ة | خ | آ | ن | ع | خ | ذ | غ | ا | ذ | ي |
| ت | ا | س | آ | ا | د | ر | و | ي | ط | ل | ا | ل | و | ئ |
| ط | ح | ل | ب | ج | ا | ا | ع | ؤ | ب | ع | د | ح | ق | ا |
| ض | ط | ث | ة | ن | ؤ | ق | ع | ة | و | ك | ا | ش | ي | م |
| ز | ذ | ص | ت | ئ | إ | ة | م | ت | ا | ى | ل | ر | م | ر |
| آ | ل | ن | ف | ئ | ة | ر | ت | ى | س | ج | أ | ا | ة | ب |
| ن | د | أ | ب | م | ل | ج | أ | إ | ت | ا | ن | ت | إ | ل |
| ى | ذ | ص | م | ا | ر | ت | ح | ا | ئ | م | و | ذ | ف | ا |
| ؤ | ن | ل | ى | ق | ت | ف | ر | ل | ع | ق | ا | ع | ل | ض |
| ج | ة | ي | ة | ت | ع | ي | ح | م | ز | و | ع | ق | إ | ة |

البرمائيات
نباتي
مناخ
ملة
تنوع
الأنواع
أصلي
الحشرات
الثدييات
طحلب

طبيعة
سحاب
الطيور
حفظ
ملجأ
احترام
استعادة
الغابة
نجاة
ذو قيمة

# 57 - Cidade

| | | | | | | | | | | | | | | |
|---|---|---|---|---|---|---|---|---|---|---|---|---|---|---|
| ئ | و | ج | ض | م | ل | ع | ب | ب | ع | ق | ح | آ | ج | إ |
| ئ | ئ | ة | ي | خ | ى | ي | ض | ظ | ك | ب | ج | غ | ا | ن |
| ر | ش | ب | ع | ف | ا | ل | ا | خ | ص | ى | د | ر | م | ا |
| ك | آ | ع | ة | د | ا | ي | ع | ل | م | ط | ع | م | ع | و |
| ذ | ص | ز | ب | خ | م | ث | ز | ط | ك | ت | ض | ر | ة | ي |
| ف | س | ا | ت | ك | ر | ا | م | ر | ب | و | س | إ | ك | ح |
| غ | ن | ى | ك | ح | ؤ | ن | ن | ط | ص | ي | د | ل | ي | ة |
| ف | ة | ث | م | ب | ف | ة | ئ | ؤ | د | م | م | ف | ب | ق |
| ئ | ت | ظ | د | م | ع | ر | ض | ق | ز | ك | ن | ص | ج | ي |
| إ | ذ | ث | ر | س | ي | ن | م | ا | ى | م | س | ظ | ل | د |
| ص | ر | ي | س | ا | ت | ع | ل | و | ت | ي | ق | ن | ق | ح |
| ك | م | ك | ة | ت | ط | ب | ف | ث | ز | ؤ | ز | و | ح | أ |
| م | س | ر | ح | ك | ت | م | ح | ن | ع | ط | ه | ل | س | ف |
| ب | ف | ي | ك | ؤ | ض | ح | ت | ر | د | ل | و | ا | ف | ق |
| ب | ن | ك | ف | ط | ئ | ز | م | ا | ى | ق | ر | ص | غ | ى |

مطار
بنك
مكتبة
سينما
عيادة
مدرسة
ملعب
صيدلية
منسق زهور
معرض

فندق
حديقة حيوان
سوق
متحف
مخبز
مطعم
صالون
سوبر ماركت
مسرح
جامعة

# 58 - Música

| | | | | | | | | | | | | | | |
|---|---|---|---|---|---|---|---|---|---|---|---|---|---|---|
| ش | ت | س | ج | ي | ل | ع | إ | ث | أ | إ | ت | ب | ج | و |
| ا | د | د | ج | ن | ع | آ | ب | ج | و | ي | ذ | د | ط | ت |
| ع | ب | د | خ | غ | ك | ا | ض | ي | ب | ق | ض | ن | ا | ح |
| ر | ل | س | ص | م | آ | ل | ق | ق | ر | ا | أ | ئ | ؤ | س |
| ي | س | ت | ح | ل | غ | ى | ا | ي | ا | ع | غ | ض | ق | ي |
| ص | و | ت | ي | ا | ا | إ | آ | س | إ | ر | ن | ح | ل | ن |
| ي | ن | ع | ق | ز | ل | أ | ي | و | ي | ؤ | ي | ا | ك | و |
| ة | ؤ | ك | ب | ئ | إ | س | ل | م | ج | ك | ة | ع | ض | ف |
| ك | ة | غ | ت | ذ | ي | إ | و | ب | آ | ب | ي | ة | إ | و |
| ئ | ى | ن | غ | ة | ق | و | ج | ظ | و | ش | خ | ة | ط | ر |
| ى | ث | ا | ل | م | ا | ج | س | ن | ا | م | ب | ؤ | ت | ك |
| غ | ر | ئ | ص | ت | ع | ن | ى | ك | ب | خ | ف | ل | ع | ي |
| ق | ل | ي | م | ص | ط | ظ | د | غ | ب | ظ | ل | ة | ع | م |
| ة | ظ | ة | ا | د | أ | س | ذ | غ | ر | آ | ا | ر | إ | ذ |
| ل | ؤ | و | ى | ا | ن | ئ | د | ب | س | ذ | ل | ض | ك | ئ |

ألبوم
أغنية
غنى
المغني
كلاسيكي
جوقة
تسجيل
انسجام
تحسين
أداة

غنائية
لحن
ميكروفون
موسيقي
أوبرا
شاعري
إيقاع
إيقاعي
الإيقاع
صوتي

# 59 - Matemática

| | | | | | | | | | | | | | | |
|---|---|---|---|---|---|---|---|---|---|---|---|---|---|---|
| د | ه | ن | د | س | ة | م | م | ص | ح | ح | ص | آ | ع | ض |
| ؤ | م | غ | ب | أ | ر | ث | ز | ح | آ | س | م | خ | م | ع |
| ع | ل | ص | ش | ك | ف | ل | ف | س | ي | ر | ش | ع | و | ث |
| د | ن | خ | ك | ل | ن | ث | ط | ت | ك | ط | و | ج | د | ظ |
| ؤ | ر | ت | خ | ق | ا | ذ | ؤ | ط | ذ | ل | ي | ف | ي | ظ |
| ة | ج | ج | د | ط | ل | ي | ط | ت | س | م | ت | و | ن | ق |
| ظ | ا | ش | ا | ر | أ | آ | ت | ض | و | ج | ر | ع | ف | ت |
| ء | ط | ب | ص | ت | ر | ض | س | ف | ة | ذ | ص | ت | و | ن |
| ز | و | ا | ي | ا | ق | ز | م | ض | ل | ع | ص | س | ى | ا |
| ج | ف | س | ك | ط | ا | ع | ث | ث | د | ظ | ب | ص | ت | ظ |
| ط | ئ | ح | و | ث | م | ث | ن | ل | ا | ت | ا | ر | ئ | ر |
| م | ش | ط | ض | ش | ط | ق | ج | غ | ع | و | م | ج | م | س |
| ح | ت | د | ع | م | و | ا | ز | ا | م | غ | ة | ئ | ط | ظ |
| ك | غ | ث | آ | ل | ط | ض | د | إ | ص | ث | س | ي | ج | ف |
| آ | خ | غ | ا | ص | ق | ط | ي | إ | ؤ | ا | ل | ص | و | ت |

حساب
زوايا
محيط
عشري
قطر
معادلة
أس
جزء
هندسة
درجات

الأرقام
مواز
عمودي
مضلع
مربع
مستطيل
تناظر
مجموع
مثلث
الصوت

# 60 - Saúde e Bem Estar #1

| | | | | | | | | | | | | | | |
|---|---|---|---|---|---|---|---|---|---|---|---|---|---|---|
| ا | ا | ي | ر | ي | ت | ك | ب | ك | ص | ا | ع | ى | ف | إ |
| ل | ل | ن | ف | ي | ر | و | س | س | ذ | ي | خ | ر | ؤ | خ |
| ه | ع | ك | ش | إ | ل | ش | ب | ر | ل | م | د | ض | ث | م |
| ر | ل | س | ج | ط | آ | س | ذ | د | ذ | ث | ز | ل | ا | ش |
| م | ا | ع | و | ج | س | ح | ع | و | ة | ؤ | ى | ف | ي | ي |
| و | ج | ي | ى | ة | ظ | ظ | ت | ا | ؤ | ج | ن | ب | ذ | ة |
| ن | ء | ا | خ | ر | ت | س | ا | ء | ظ | ع | ر | أ | ؤ | ظ |
| ا | ض | د | ل | ج | ا | ت | ر | ب | س | س | ك | ع | ن | م |
| ت | س | ة | خ | ع | ل | آ | إ | ف | ئ | غ | ي | ص | ح | غ |
| ز | ة | ن | ش | ا | م | ا | ظ | ع | ظ | ي | ل | ا | ط | ة |
| ع | ت | ذ | ذ | ف | و | ي | ش | ح | ك | و | ج | ب | ب | ص |
| ج | د | ص | ق | ت | ق | ؤ | غ | ؤ | و | ى | ب | ر | ي | ت |
| ك | غ | ظ | ك | ر | ف | ز | ع | ا | د | ة | ك | ح | ب | ظ |
| غ | ك | ك | ؤ | ا | ص | ج | ئ | ى | ظ | ب | ئ | ا | ى | ئ |
| و | م | ث | م | م | ر | ا | ك | ح | ن | خ | ن | ز | ا | ل |

ارتفاع
نشط
بكتيريا
عيادة
طبيب
صيدلية
جوع
كسر
عادة
الهرمونات

دواء
أعصاب
عظام
جلد
الموقف
منعكس
استرخاء
علاج
العلاج
فيروس

# 61 - Natureza

| | | | | | | | | | | | | | | |
|---|---|---|---|---|---|---|---|---|---|---|---|---|---|---|
| ا | أ | آ | خ | ؤ | ئ | ت | ح | ذ | ة | ط | خ | ض | ن | ح |
| ي | و | ظ | ب | ج | ج | إ | آ | آ | ش | ذ | ي | ب | ه | ة |
| ى | ر | ت | ا | ن | ا | و | ي | ح | ل | ا | آ | ا | ر | د |
| ر | ا | ج | ط | ج | س | ن | ب | ا | ح | ل | ذ | ب | س | و |
| ظ | ق | ب | ئ | ي | ك | ر | ص | ل | غ | م | ؤ | ث | ح | ط |
| ع | ا | س | ل | م | ي | ث | ا | ن | ا | غ | ر | ة | ا | ط |
| غ | ل | و | ى | ا | ص | م | ت | ح | ر | ك | ع | آ | ب | ج |
| آ | ش | ؤ | إ | س | ج | ى | ز | ل | و | ؤ | ر | ر | غ | ذ |
| ا | ج | ز | ر | ت | ث | ب | ة | ت | ق | ي | ز | م | ت | ت |
| خ | ر | ئ | إ | و | ت | خ | ط | آ | خ | خ | ى | آ | خ | ز |
| ى | و | أ | م | ا | آ | ئ | ب | ج | ط | ة | إ | إ | ؤ | م |
| ي | و | ي | ح | ئ | ذ | د | ح | ء | ا | ر | ح | ص | ث | ج |
| ت | ف | ص | ق | ي | ث | ش | ح | ل | ك | آ | ت | ل | ف | ت |
| م | ة | ن | س | ف | ن | آ | ث | ض | ئ | ث | ج | ف | ج | و |
| ل | ح | غ | و | ج | آ | ج | غ | ا | ب | ة | ئ | د | ا | ه |

النحل
مأوى
الحيوانات
جمال
صحراء
متحرك
تآكل
غابة
أوراق الشجر
مثلجة

ضباب
سحاب
سلمي
نهر
ملاذ
بري
هادئ
استوائي
حيوي

# 62 - A Empresa

| | | | | | | | | | | | | | | |
|---|---|---|---|---|---|---|---|---|---|---|---|---|---|---|
| خ | ع | إ | ش | ة | ع | ا | ل | م | ي | ب | ل | ؤ | ز | د |
| م | ل | س | و | د | ذ | ل | ك | ن | ل | ش | ت | غ | ي | ش |
| ة | ث | ا | غ | و | ت | ق | د | م | ج | ق | م | ص | ظ | ف |
| ظ | غ | ظ | ق | ج | ا | ن | ة | ع | ا | ن | ص | ث | ئ | ط |
| ظ | ف | ي | ظ | و | ت | ا | ا | ر | س | م | ع | ة | ر | ى |
| ب | ر | ز | إ | ي | ج | ن | ل | ض | م | ب | ت | ك | ر | ص |
| ا | ت | ح | ث | ل | ا | ت | م | م | ا | ؤ | ز | ز | إ | ا |
| ل | ح | ط | إ | ا | ه | ع | م | ل | خ | ح | ض | إ | ي | ل |
| و | م | ب | ث | ع | ا | آ | ة | ى | ا | ا | ض | ف | ر | م |
| ح | ر | ا | م | ث | ت | س | ا | غ | ز | م | ط | ت | ا | و |
| د | ش | إ | م | ك | ا | ن | ي | ة | ل | م | ص | ر | د | ا |
| ا | ر | ظ | س | ف | ش | ر | ت | ذ | ي | ا | ص | و | ا | ر |
| ت | إ | ظ | و | ئ | ش | خ | ذ | ت | ش | ل | ل | م | ت | د |
| ب | ش | خ | ش | إ | آ | ذ | آ | ن | و | ق | ر | ا | ر | ع |
| خ | ض | ب | ظ | م | غ | ؤ | ئ | ك | ك | ي | ر | ؤ | ب | د |

عرض
خلاق
قرار
توظيف
عالمي
صناعة
مبتكر
استثمار
عمل
إمكانية

المنتج
محترف
تقدم
جودة
إيرادات
الموارد
سمعة
المخاطر
اتجاهات
الوحدات

# 63 - Doença

| | | | | | | | | | | | | | | |
|---|---|---|---|---|---|---|---|---|---|---|---|---|---|---|
| س | ق | ت | ة | و | ب | ر | ك | ز | ظ | ث | ث | ح | خ | ص |
| ة | ط | ب | ن | ع | ت | ئ | ح | ذ | ر | ا | ن | ع | ل | ظ |
| ش | ن | ء | ا | ف | ش | و | د | و | ب | ص | ش | ى | ك | ؤ |
| ق | ي | ئ | ص | ح | س | ي | س | ح | ي | ك | س | د | ط | ط |
| ن | د | ن | ح | ط | ة | ي | س | ا | س | ح | ل | ا | ي | ا |
| ت | ع | ط | ل | ظ | و | ل | ئ | ث | ض | د | ط | إ | ذ | د |
| خ | م | ب | ا | و | ر | ا | ث | ي | ذ | ك | ا | ب | ج | ف |
| ة | ق | ل | ب | ا | ه | ت | ل | ا | ر | ث | ؤ | ح | ث | ن |
| م | ج | ا | ل | ع | ض | ز | ش | ذ | ت | ض | م | ظ | ة | آ |
| ز | ظ | ع | ع | ظ | ا | م | م | ؤ | إ | ب | ع | ن | ز | م |
| ا | ل | ص | ح | ة | ي | ث | ا | ر | و | ل | ا | ي | غ | ز |
| ل | خ | غ | ح | ل | ث | ع | ح | ب | و | د | إ | ؤ | ف | م |
| ت | ئ | خ | ف | ئ | ط | ن | ق | ف | ى | غ | ة | ب | ت | ن |
| م | ن | م | إ | آ | ب | د | ع | ش | غ | غ | ط | ن | ج | ش |
| غ | غ | خ | س | ذ | آ | ت | خ | ر | إ | ا | ث | ب | ة | ى |

البطن
شديد
الحساسية
معدي
قلب
جثة
مزمن
شفاء
ضعيف
الوراثية

وراثي
الحصانة
التهاب
قطني
عظام
رئوي
تنفسي
الصحة
متلازمة
علاج

# 64 - Aquecimento Global

| | | | | | | | | | | | | | | |
|---|---|---|---|---|---|---|---|---|---|---|---|---|---|---|
| ت | ي | ي | س | ي | ت | إ | ة | م | ز | أ | غ | ل | م | ص |
| ا | ل | س | ك | ا | ن | ح | ا | ط | س | ؤ | خ | ف | ئ | م |
| ن | ا | ر | ر | ل | غ | ب | ح | ع | ظ | ت | ا | ل | آ | ن |
| ا | م | ت | ك | ر | ذ | ص | ظ | ى | ش | ى | ق | ز | ى | ظ |
| ي | ش | ئ | ط | ى | ا | ن | ف | ة | غ | ظ | ج | ب | ح | ر |
| ب | ل | غ | خ | ئ | ل | ا | ش | ح | ط | ق | غ | ع | ل | ة |
| ل | ا | خ | و | ز | أ | ع | ي | ر | ش | ت | ذ | خ | إ | ص |
| ا | ب | ع | ر | ش | ج | ة | ق | ا | ط | ا | ط | ع | ي | ق |
| ن | ط | ط | ق | ط | ي | ئ | م | ر | غ | ئ | ى | ج | ة | م |
| م | ق | ك | د | ح | ا | ي | و | و | ئ | ي | ل | و | د | ن |
| ك | ل | ظ | و | ف | ل | ب | غ | ط | ك | ب | ر | ج | ط | ا |
| ض | ا | ي | ط | غ | ز | ل | ح | ت | ح | ح | ل | ز | ط | خ |
| ى | ع | ا | ل | م | غ | ا | ل | ش | م | غ | ف | ن | ع | ظ |
| ة | ر | ا | ر | ح | ل | ا | ت | ا | ج | ر | د | ع | ق | ج |
| ف | ث | ف | غ | ن | د | ر | ز | ا | ن | ت | ب | ا | ه | ث |

| | |
|---|---|
| الأن | مستقبل |
| البيئة | غاز |
| انتباه | الأجيال |
| القطب الشمالي | حكومة |
| عالم | بيئات |
| مناخ | صناعة |
| أزمة | دولي |
| البيانات | تشريع |
| تطور | السكان |
| طاقة | درجات الحرارة |

# 65 - Aviões

| | | | | | | | | | | | | | | |
|---|---|---|---|---|---|---|---|---|---|---|---|---|---|---|
| ظ | ع | ا | ط | و | ب | ه | د | ء | ح | ي | س | ئ | ث | ع |
| ص | ل | غ | ا | ي | ح | ط | ب | ا | ل | و | ن | م | ي | ع |
| ر | ا | ك | ب | ر | ا | ر | ك | و | ا | ج | ي | ق | ا | آ |
| آ | ي | ي | ص | آ | ت | ر | ح | ه | ص | ل | ج | ا | ا | ء |
| م | ح | ر | ك | ط | ل | ف | م | ك | ل | ا | و | ط | ل | ا |
| ى | ط | خ | ت | ر | غ | ن | ا | ى | ا | ف | ر | ذ | ت | ن |
| ح | م | ط | ض | ه | ح | ك | ي | ع | ر | ا | د | ش | ا | ب |
| ب | ت | ع | خ | ا | ل | ت | ن | ق | ل | ل | ي | آ | ر | ز |
| ح | ل | ق | م | ج | ى | ر | د | ة | ج | غ | ه | ر | ي | ش |
| ك | ل | ب | ل | ت | خ | ل | غ | ط | ي | ل | س | ة | خ | ي |
| ج | ض | ث | و | ا | م | ب | ل | ك | خ | ا | غ | ع | ئ | ذ |
| م | غ | ا | م | ر | ة | ا | ض | ط | ر | ا | ب | ض | ى | ج |
| ة | ك | د | ش | ى | خ | ع | ن | و | ق | و | د | آ | ض | ي |
| ئ | ظ | ش | ح | ص | ة | خ | ة | ك | ت | ج | م | ن | ق | ض |
| ض | ث | ئ | ث | ع | ل | ل | ى | د | غ | ش | ع | م | ك | ف |

ارتفاع
هواء
هبوط
الغلاف الجوي
مغامرة
بالون
سماء
وقود
بناء
اصل

اتجاه
هيدروجين
التاريخ
تضخم
محرك
التنقل
راكب
طيار
طاقم
اضطراب

# 66 - Tipos de Cabelo

| | | | | | | | | | | | | | | |
|---|---|---|---|---|---|---|---|---|---|---|---|---|---|---|
| ت | ط | ي | ى | ذ | م | س | أ | ظ | خ | ؤ | ت | ح | ط | ر |
| ة | ج | ف | ض | ة | ت | ئ | ب | ؤ | غ | ئ | خ | خ | و | ق |
| ا | ى | ع | ك | د | م | و | ي | ص | ث | ك | ف | د | ي | ي |
| آ | ى | م | ي | ق | و | ى | ض | ب | ى | ض | ت | م | ل | ق |
| آ | ج | ا | م | د | ج | ى | ئ | إ | ل | ط | ث | ع | ت | ع |
| ي | ب | ل | س | ع | ا | ث | ر | ؤ | ظ | ل | ئ | ز | ط | غ |
| و | ر | ن | د | ج | س | ل | ق | ن | إ | ي | ق | ت | ئ | و |
| ض | و | ن | ي | م | ص | ؤ | ش | ص | ي | ل | ا | خ | ع | ة |
| ز | ر | و | ا | ئ | ز | ت | أ | ع | ر | م | ا | د | ي | ي |
| أ | ص | ل | ع | ع | ك | و | ث | ج | ر | ذ | ص | و | ب | ب |
| ز | س | م | ج | ى | م | ت | غ | غ | ف | ث | س | س | غ | ك |
| ا | ل | ض | ف | ا | ئ | ر | ر | ن | ض | ص | ت | أ | ص | ي |
| آ | ت | ش | ط | ا | ئ | ئ | ؤ | ن | م | ظ | س | ج | ا | ف |
| ظ | آ | ط | ي | ض | م | ي | ج | ة | ط | ن | ظ | إ | ص | ظ |
| ص | ح | ي | ا | ئ | ئ | خ | ا | ك | ق | س | ث | ل | ع | د |

أبيض
لامع
تجعيد الشعر
أصلع
رمادي
ملون
مجعد
رقيق
سميك
أشقر

طويل
بني
متموج
فضة
أسود
صحي
جاف
ناعم
مضفر
الضفائر

# 67 - Criatividade

| | | | | | | | | | | | | | | |
|---|---|---|---|---|---|---|---|---|---|---|---|---|---|---|
| ف | س | ا | س | ح | إ | ك | د | ا | ر | ق | إ | و | ع | خ |
| ح | ي | ة | ل | ا | ي | خ | ض | ل | ؤ | س | س | ش | ا | ة |
| م | ب | د | ع | ر | ع | ا | ش | م | ش | د | ة | ض | ب | م |
| س | ب | خ | ع | ش | ؤ | د | ر | ا | م | ا | ت | ي | ك | ي |
| د | ي | ف | ن | ي | ؤ | ى | ي | ع | ف | و | ي | ة | ض | ظ |
| ح | ز | و | غ | ي | ش | خ | ب | ن | ف | ض | ل | ت | ف | ص |
| ل | ى | ب | ل | غ | ؤ | ق | ع | م | ه | ا | ر | ة | ا | م |
| ا | ث | ط | ا | ة | غ | ت | ت | ق | آ | م | د | ي | ي | ث |
| ظ | ث | غ | ز | ل | ا | س | ل | ص | ث | ت | ذ | و | ي | ة |
| ج | آ | ح | ص | ا | ب | و | ا | ظ | ر | خ | آ | ي | ع | ش |
| ؤ | ي | ن | ش | ص | و | م | ذ | ؤ | غ | ح | ص | ح | د | ز |
| ص | ئ | ئ | س | أ | ا | ن | ط | ب | ا | ع | و | خ | ر | ع |
| آ | د | و | س | ح | ئ | ؤ | آ | ح | ب | ع | ر | ض | ث | غ |
| ا | ل | ع | و | ا | ط | ف | إ | ف | و | د | ة | ظ | و | س |
| ر | خ | ظ | ن | ر | إ | ز | غ | ا | ل | إ | ل | ه | ا | م |

فني
أصالة
وضوح
دراماتيكي
العواطف
عفوية
التعبير
سيولة
مهارة
صورة

خيال
انطباع
الإلهام
شدة
الحدس
مبدع
إحساس
مشاعر
الرؤى
حيوية

# 68 - Dias e Meses

| | | | | | | | | | | | | | | |
|---|---|---|---|---|---|---|---|---|---|---|---|---|---|---|
| إ | س | ج | أ | ق | ط | ى | ب | ل | ص | أ | ة | س | ن | ة |
| س | ح | ط | ق | س | خ | ن | ز | ق | ي | ب | غ | ط | ي | ع |
| ؤ | خ | خ | ي | س | ب | و | ق | ض | ج | ر | ز | س | ن | م |
| ا | ل | خ | م | ي | س | و | ي | ن | و | ي | آ | غ | ث | ج |
| ج | ز | د | ش | ث | ث | ذ | ع | ح | ل | ل | ئ | أ | ا | ل |
| ن | ظ | خ | ظ | س | ك | ج | ت | إ | و | د | ح | أ | ل | ا |
| ش | س | ت | ث | ى | ب | ي | ن | ا | ي | ر | ي | ت | ا | ئ |
| ن | و | ف | م | ب | ر | ت | ب | س | ل | ا | و | ق | ا | ل |
| س | أ | ك | ت | و | ب | ر | م | ش | ظ | ص | ل | و | ل | ب |
| ج | ب | د | خ | و | ذ | ي | ط | ب | ه | و | ي | ي | ث | ر |
| ل | خ | ي | د | ا | ض | ا | آ | ذ | ر | ر | و | م | ل | ف |
| ى | ل | س | ى | آ | ف | ر | آ | ا | م | د | ب | ص | ا | د |
| ف | ك | م | ل | ض | ظ | ب | ئ | ش | ص | ج | ك | ت | ث | ق |
| ا | ئ | ب | ة | س | ع | ف | ص | ز | ض | م | د | ح | ا | خ |
| إ | س | ر | ف | ذ | س | آ | ي | خ | غ | خ | ط | ؤ | ء | ث |

شهر
نوفمبر
أكتوبر
الخميس
السبت
الاثنين
أسبوع
سبتمبر
الجمعة
الثلاثاء

أبريل
أغسطس
سنة
تقويم
ديسمبر
الأحد
فبراير
يناير
يوليو
يونيو

# 69 - Saúde e Bem Estar #2

| | | | | | | | | | | | | | | |
|---|---|---|---|---|---|---|---|---|---|---|---|---|---|---|
| ؤ | ط | ظ | خ | ي | ذ | ر | آ | ح | ن | ث | د | ن | ح | و |
| ع | ة | ف | ا | ظ | ن | ل | ا | ب | م | ز | ا | ج | م | ض |
| إ | ث | ق | ح | س | ا | س | ي | ة | ض | ط | و | ر | ي | ئ |
| ت | ج | ف | ا | ف | ر | إ | م | ذ | ه | ى | غ | ب | ة | ص |
| ذ | و | س | ى | ط | ف | ي | ت | ا | م | ي | ن | خ | ق | ر |
| ت | ت | إ | ن | إ | و | ظ | ق | ب | ل | ط | ظ | و | ق | ح |
| آ | ق | ص | ك | ي | ل | د | ت | ى | ل | خ | ض | ض | ت | ي |
| ك | خ | ح | ى | ف | ش | ت | س | م | إ | ي | غ | ل | س | ث |
| ش | م | ي | و | ا | ي | ص | ئ | ن | ط | د | ط | س | س | ة |
| ه | د | ض | د | ع | ض | ذ | إ | ش | ص | غ | ا | ن | ض | ز |
| ي | س | ف | ع | ت | ش | ر | ي | ح | ى | ج | د | ئ | ئ | ج |
| ة | ئ | ف | ؤ | ل | ز | د | م | غ | د | آ | ة | آ | ل | س |
| م | غ | ة | ث | ا | ر | و | ل | ا | م | ل | ع | ح | م | غ |
| ل | ئ | م | ظ | ئ | ى | م | د | ى | ى | غ | خ | ئ | ف | ة |
| ج | ر | ذ | ذ | ح | و | ة | ط | د | ا | ث | ئ | ذ | س | و |

حساسية
تشريح
شهية
جثة
تجفاف
حمية
هضم
مرض
طاقة
علم الوراثة

النظافة
مستشفى
مزاج
عدوى
تدليك
وزن
التعافي
دم
صحي
فيتامين

# 70 - Geografia

| | | | | | | | | | | | | | | |
|---|---|---|---|---|---|---|---|---|---|---|---|---|---|---|
| ن | ر | ق | ة | خ | ر | س | و | ع | ى | غ | م | ا | ش | ع |
| ب | ر | غ | ط | ز | و | ق | ر | ؤ | م | و | ح | ل | م | ا |
| خ | ح | م | غ | ة | خ | ج | ج | ح | د | و | ي | ع | ا | ر |
| ر | ن | ر | خ | ح | ر | ب | ز | ص | ل | خ | ط | ا | ل | ت |
| ي | ه | خ | ط | م | ص | ت | ظ | ي | د | س | ن | ل | ب | ف |
| ط | ر | ي | ا | ي | ط | ح | خ | غ | ر | ى | ن | م | ج | ا |
| ة | ب | ى | ل | ر | ة | آ | س | ض | ش | ة | ل | ي | م | ع |
| ر | ئ | ز | ا | ي | إ | ث | ظ | ث | ف | ق | ج | ة | د | ي |
| ا | ر | م | س | د | ب | ز | إ | ط | ي | ط | ن | ز | ي | س |
| ق | ح | ئ | ت | ي | ة | ل | ش | ب | ف | ن | و | ن | ن | ن |
| ح | ص | ا | و | ا | ر | ئ | د | و | إ | م | ب | د | ة | ت |
| ث | ج | ظ | ا | ن | آ | ة | ة | خ | ط | ا | ل | ط | و | ل |
| ي | ظ | إ | ء | آ | إ | ص | خ | ط | ا | ل | ع | ر | ض | ا |
| إ | أ | ط | ل | س | ق | ج | ت | ب | ذ | م | ن | ج | ص | ز |
| إ | د | ص | ذ | إ | ص | ئ | ف | ؤ | ؤ | ز | د | ر | ك | ج |

ارتفاع
أطلس
مدينة
قارة
خط الاستواء
جزيرة
خط العرض
خط الطول
خريطة
بحر

ميريديان
جبل
العالمية
شمال
محيط
غرب
بلد
منطقة
نهر
جنوب

# 71 - Antártica

غ ف ج ح ل ت إ ة ك ع ن خ ج ة م
ر ض س د ط ق ة ر ة ا ل ن ت م ن
ز ن د ر ج ة ا ل ح ر ا ر ة ا د
ذ ح ش ز ه د ج م ز ر و ب ث ء ا
خ ل ي ج ظ ي ة د ي ل ج د ع ل ع
ج ؤ ر ل ئ خ ح ق ج س آ ب ب ك م
ط ة خ ا ج س غ ة م ب ن ط ل ا ل
ب ر ة ر ي ز ج ه ب ش ا ب ا ل ا
و ا ج غ ر ا ف ي ة ر ت غ ك ح غ
غ ق ل ى خ آ ب غ ي ى ي ا ص ف آ
ر ح ك ض ص ع ا ق م س ح ص ئ ظ خ
ا ث س و ب ع ح ب ل ظ ل ص إ ة و
ف ك ة ي ض ح ث ك ع ش ا ف ا ث ح
ي ج ئ خ ف و ك آ ة ص ي ر ئ ئ ص
ا ة س ق ظ ر ذ ط ئ آ ك ح آ ث ا

بيئة
ماء
خليج
الحيتان
علمي
الحفظ
قارة
كوف
البعثة
جليد

جغرافية
الجزر
باحث
هجرة
المعادن
شبه جزيرة
البطاريق
صخري
درجة الحرارة
طبوغرافيا

# 72 - Flores

| | | | | | | | | | | | | | | |
|---|---|---|---|---|---|---|---|---|---|---|---|---|---|---|
| ي | ن | ا | و | ج | ر | أ | ت | ا | ا | م | ؤ | ش | و | د |
| ت | ا | ا | ل | ج | س | ض | و | ل | ل | ا | إ | د | ض | ئ |
| ئ | ل | ث | ع | ه | ز | ت | ل | ب | س | غ | ت | ي | ز | ض |
| ص | ن | ق | خ | ط | ن | إ | ي | ت | ح | ن | ئ | ز | ن | ا |
| ع | ر | ح | ت | ن | ا | د | ب | ل | ل | و | ظ | ي | ب | ل |
| ب | ج | ع | ع | ث | ج | و | ب | ة | ب | ل | ف | ن | ق | ف |
| ا | س | ب | ش | ظ | ت | ز | ر | ا | ر | ي | ق | ت | ب | ا |
| د | ا | ل | خ | ز | ا | م | ى | د | ء | ا | ت | ى | ج | و |
| ا | ل | و | ق | ط | ى | ن | ل | ي | ة | ة | ب | ت | ا | ا |
| ل | ب | م | ب | ا | ق | ة | أ | ز | ه | ا | ر | ص | ر | ن |
| ش | ر | ي | ج | ة | آ | ئ | ي | ا | س | م | ي | ن | د | ي |
| م | ي | ر | ا | ل | خ | ش | خ | ا | ش | ئ | ؤ | آ | ي | ا |
| س | ه | ي | د | ك | ر | ك | ل | ا | غ | ق | ى | ح | ن | ف |
| ظ | ن | ا | ؤ | غ | ط | ض | ئ | د | ل | ث | ش | ت | ي | س |
| ة | ح | ط | ج | ظ | ز | آ | ص | ق | ن | ق | إ | ق | ا | ك |

باقة أزهار
الهندباء
جاردينيا
عباد الشمس
الكركديه
ياسمين
خزامى
أرجواني
زنبق
ماغنوليا
ديزي
النرجس البري
السحلب
الخشخاش
الفاوانيا
البتلة
بلوميريا
وردة
نفل
توليب

# 73 - Fazenda #1

| | | | | | | | | | | | | | | |
|---|---|---|---|---|---|---|---|---|---|---|---|---|---|---|
| س | خ | ق | ع | ح | د | س | ل | س | ع | ن | ز | ط | د | م |
| ة | آ | ر | ج | ظ | ج | ي | ذ | ز | ح | غ | ر | م | ا | ش |
| ن | ب | ت | ل | ى | ا | ا | غ | ل | خ | ر | ا | ء | م | ا |
| ا | ث | ا | د | ن | ج | ج | ة | ق | ى | ا | ع | ق | س | ز |
| ص | ض | ج | ع | ذ | د | ب | إ | ح | آ | ب | ة | ط | ش | ؤ |
| ح | ا | ى | و | ع | س | ض | ن | ك | ة | ة | ت | ص | ق | آ |
| ز | إ | ص | ر | ع | ف | و | ر | غ | ر | غ | م | ث | ع | ص |
| ط | ع | ف | م | ي | ظ | ع | ي | ط | ق | ق | ة | ص | خ | ل |
| ر | ك | ش | ش | ت | ف | ب | ب | ن | ب | ل | ك | د | ؤ | ق |
| ج | ز | غ | ج | ش | ث | و | م | ل | ض | ا | م | ح | ط | ذ |
| ش | ر | ي | ض | ت | ز | ز | ي | ض | ا | ز | آ | م | ش | غ |
| ع | ى | ع | ك | ك | ي | ق | آ | ج | ظ | ر | ز | ا | ف | ج |
| ض | ح | ك | إ | ل | ي | ت | ق | خ | ن | ز | ي | ر | س | ص |
| آ | و | م | ط | س | ط | أ | ر | ز | ع | ا | م | ح | ي | آ |
| و | ض | ك | ئ | ق | ث | ف | ئ | ك | ذ | ل | ؤ | ع | آ | خ |

نحلة
زراعة
أرز
ماء
عجل
حمار
ماعز
حقل
حصان
كلب

سياج
غراب
تبن
سماد
دجاج
قط
عسل
خنزير
قطيع
بقرة

# 74 - Livros

| | | | | | | | | | | | | | | |
|---|---|---|---|---|---|---|---|---|---|---|---|---|---|---|
| م | ن | م | ل | ذ | ن | ر | خ | د | ش | ك | ث | ي | ك | د |
| س | ل | ق | ك | خ | ض | ة | ط | ك | ذ | ز | ظ | و | خ | ق |
| ي | ة | ح | ئ | ت | س | ص | ف | ح | ة | ر | م | ا | غ | م |
| ا | س | ئ | م | ا | و | ق | ل | ج | ل | ع | ع | س | ق | ج |
| ق | م | ش | ت | ة | ح | ب | ؤ | ر | ص | د | و | أ | ن | ة |
| ا | ة | ج | د | ي | م | ظ | م | ذ | ل | ب | ق | م | ي | د |
| ل | ش | ذ | ئ | ج | ة | د | خ | م | ا | م | ة | ج | ج | ن |
| ك | س | ظ | ص | ا | ر | ل | آ | ص | ت | ئ | ث | ز | ر | م |
| ل | ش | ك | ج | و | س | خ | ة | ي | ا | ر | و | ا | ي | ة |
| ا | غ | خ | ج | د | ى | ط | ل | ز | ذ | ا | ن | آ | و | ل |
| م | ش | ع | ر | ز | ق | ص | ي | د | ة | ق | ث | ذ | ا | س |
| م | ش | ؤ | ك | ا | ت | ا | ر | ي | خ | ي | و | ر | ر | ل |
| ك | ج | ي | ل | ل | ت | ز | د | ب | آ | خ | ث | ص | ل | س |
| ك | ش | م | د | ا | ث | ى | ك | د | ص | ى | ش | ق | ا | ع |
| خ | ر | ر | ت | و | ب | ي | ع | أ | ك | ض | ح | ى | ص | ص |

قارئ
أدبي
الراوي
صفحة
قصيدة
شعر
ذات الصلة
رواية
سلسلة
مأساوي

مؤلف
مغامرة
مجموعة
سياق الكلام
الازدواجية
مكتوب
ملحمة
قصة
تاريخي
مبدع

# 75 - Governo

| | | | | | | | | | | | | | | |
|---|---|---|---|---|---|---|---|---|---|---|---|---|---|---|
| د | إ | ا | د | ي | ؤ | ى | م | س | ل | ب | ي | ث | ح | ب |
| ي | آ | ل | ؤ | ع | ب | ي | ز | ي | ز | ا | ئ | ف | ن | د |
| م | ش | م | ة | ن | ج | ح | ئ | ا | م | ي | ع | ز | س | ح |
| ق | ن | س | ة | ل | ا | د | ع | س | ر | ن | ج | ت | ح | ا |
| ر | ق | ا | ق | ا | و | خ | آ | ة | ش | ئ | و | ر | ث | ل |
| ا | ا | و | ط | ل | ط | ط | آ | آ | غ | ر | ي | ط | ة | ة |
| ط | ش | ا | ن | ق | ن | ا | ن | م | ح | ة | ز | ت | ؤ | م |
| ي | إ | ة | م | ت | ي | ب | ز | ر | ئ | ص | ض | ى | ف | أ |
| ة | ح | ذ | ز | س | خ | ص | غ | ع | س | د | ب | و | ص | ع |
| ك | ة | ع | ق | ا | ذ | ن | م | ف | ق | و | و | ش | ض | ئ |
| س | ث | ع | و | ى | ب | ذ | ش | ق | ح | ن | و | ن | ا | ق |
| ي | إ | ص | ف | ض | ع | ى | آ | ط | ق | د | ي | س | ى | ك |
| ظ | ت | ت | ش | ة | ن | ط | ا | و | م | ل | ا | ا | ح | ذ |
| خ | و | ك | ر | إ | ؤ | ت | ف | ب | إ | س | ط | ت | ا | ن |
| ش | ع | ص | و | ث | ق | ض | ا | ئ | ي | ن | د | م | ؤ | ي |

المواطنة
مدني
دستور
ديمقراطية
خطاب
نقاش
منطقة
حالة
المساواة
استقلال

قضائي
عدالة
قانون
حرية
زعيم
نصب
وطني
أمة
سياسة
رمز

# 76 - Jardinagem

| | | | | | | | | | | | | | | |
|---|---|---|---|---|---|---|---|---|---|---|---|---|---|---|
| ا | و | س | ئ | ق | ن | ي | ب | و | ف | ة | ب | ر | ت | ذ |
| ل | ق | ل | م | ع | ظ | آ | ذ | ر | ع | آ | ط | ذ | ض | ة |
| أ | ث | غ | خ | ا | ن | م | ا | ق | ي | ك | غ | ؤ | و | ب |
| ز | إ | د | ج | و | د | ة | ث | ة | ت | إ | ا | ع | س | ر |
| ه | ئ | ض | ذ | ن | ا | ت | س | ب | ر | ط | و | ب | ة | ا |
| ا | ح | ل | ك | أ | ل | ل | ح | ل | ا | ص | م | ذ | ي | ه |
| ر | ق | ئ | ة | ل | م | ش | ر | ب | ق | ظ | و | ب | ظ | ز |
| و | ز | ص | م | ا | ا | ل | ت | ر | ا | ب | س | و | ج | أ |
| م | ا | ء | م | ب | غ | ث | ا | ؤ | خ | د | م | ع | ئ | ة |
| أ | و | ر | ا | ق | ا | ل | ش | ج | ر | ر | ي | ا | ن | ق |
| غ | ر | ي | ب | غ | ن | د | ر | ى | ث | د | ط | ء | ظ | ا |
| ظ | ؤ | ت | ذ | ا | ع | ك | ك | ض | ف | ج | ز | و | م | ب |
| ف | ث | ا | ط | ز | ن | و | خ | غ | آ | ط | ة | ز | م | ض |
| م | ح | ب | ر | ت | ز | ه | ر | ش | ظ | ئ | ق | ئ | ر | و |
| ص | ة | ن | و | ا | خ | ى | ؤ | ا | م | ك | ج | ض | ظ | ي |

ماء
نباتي
باقة أزهار
مناخ
صالح للأكل
سماد
الأنواع
غريب
زهر
الأزهار

ورقة
أوراق الشجر
خرطوم
بستان
وعاء
موسمي
بذور
تربة
التراب
رطوبة

# 77 - Profissões #2

| | | | | | | | | | | | | | | |
|---|---|---|---|---|---|---|---|---|---|---|---|---|---|---|
| ط | ب | ي | ب | أ | س | ن | ا | ن | م | ر | م | ع | ز | ذ |
| ر | م | ث | ذ | آ | أ | ك | ي | ش | ه | س | ظ | ث | ح | ة |
| ق | آ | ح | ش | خ | ح | ا | ر | ج | ن | ا | ه | د | ل | ب |
| ك | خ | ا | ق | ذ | ي | م | ر | ح | د | ب | ث | ت | ا | ت |
| ت | ل | ب | ذ | ق | ا | ز | ذ | ل | س | ر | د | م | ل | ك |
| م | س | ج | م | ح | ئ | ا | ب | س | ت | ا | ن | ي | م | م |
| ل | خ | ر | ت | ل | ي | ر | ل | إ | ل | ي | ذ | س | ص | ل |
| ل | ش | ت | ز | غ | ص | ع | خ | ظ | ش | ط | ض | ق | و | ا |
| غ | ي | ص | ر | ر | ا | ئ | د | ف | ض | ا | ء | خ | ر | ن |
| و | ظ | ي | ع | ع | و | ط | ؤ | م | ص | ف | ص | ح | ف | ي |
| ي | ز | ي | ق | ط | ط | ا | ب | و | غ | ي | ش | ى | ي | م |
| م | د | ة | ث | ك | ب | ص | ج | ي | خ | ل | ض | ج | د | أ |
| ا | ك | ؤ | خ | ق | خ | ب | غ | س | ب | س | ج | ض | س | ف |
| و | ت | ع | ح | ك | م | ن | ض | ي | آ | و | آ | ع | ش | غ |
| ى | ي | ط | ش | ع | ك | ئ | ل | ب | ل | ف | إ | م | س | ص |

مزارع
رائد فضاء
أمين المكتبة
أحيائي
جراح
طبيب أسنان
مهندس
فيلسوف
المصور
مخترع

باحث
محقق
بستاني
صحفي
لغوي
طبيب
طيار
دهان
مدرس

# 78 - Negócios

| | | | | | | | | | | | | | | |
|---|---|---|---|---|---|---|---|---|---|---|---|---|---|---|
| ب | م | ص | ن | ع | ت | ظ | خ | إ | خ | ا | ا | ع | ث | خ |
| ا | ض | ف | ر | ك | ب | م | غ | ذ | ئ | س | ل | م | ص | خ |
| ع | ط | ا | ذ | ل | ي | ة | و | د | ز | ت | ا | ل | ا | م |
| ز | ي | م | ئ | م | ع | ش | ت | ب | ك | ث | ق | ة | ن | ح |
| ة | ق | ب | ا | ع | ض | ش | ف | ظ | و | م | ت | ن | ع | ك |
| ا | ق | ئ | د | ل | و | ا | ر | ي | ئ | ا | ص | ه | و | ة |
| ل | غ | د | ت | ا | ظ | ز | ة | ك | د | ر | ا | م | ئ | ظ |
| ض | ة | آ | ج | ب | ط | غ | ب | ك | ة | ز | د | ن | إ | ؤ |
| ر | ط | ج | ض | ح | ى | ع | ر | ة | ي | ن | ا | ز | ي | م |
| ا | ض | خ | ث | ا | خ | ش | د | ف | ل | ب | ق | ر | د | ط |
| ئ | ق | ط | ط | ص | ن | إ | ث | ل | ا | ي | ز | ة | ب | ث |
| ب | ف | م | ش | ض | ط | ؤ | ي | ك | م | ث | ث | م | ك | ح |
| آ | ب | ت | ت | ح | ظ | ئ | ف | ت | ل | إ | ج | ك | ع | س |
| ت | ج | ج | م | د | ت | خ | إ | ل | ا | ظ | ض | ت | ز | ك |
| ة | ر | ر | ا | ل | إ | ي | ر | ا | د | ا | ت | ب | ج | ا |

مهنة
التكلفة
خصم
مال
الاقتصاد
موظف
صاحب العمل
شركة
مكتب
مصنع

المالية
الضرائب
استثمار
متجر
ربح
بضائع
عملة
ميزانية
الإيرادات
بيع

# 79 - Fazenda #2

| | | | | | | | | | | | | | | |
|---|---|---|---|---|---|---|---|---|---|---|---|---|---|---|
| ا | ل | و | ق | إ | ش | ا | م | ب | ف | ح | آ | ئ | ز | غ |
| ص | ل | ه | ط | ب | ع | ل | ز | ئ | ج | ل | ج | ص | ف | ج |
| ت | ث | ح | ب | ط | ي | ر | ا | ا | غ | ي | خ | إ | ج | د |
| د | ش | م | ي | ة | ر | ا | ر | ص | ج | ب | ى | ث | ا | ة |
| ش | ط | ق | ز | و | أ | ع | ع | س | م | ط | د | ز | ن | س |
| ن | ح | س | ح | ا | ا | ي | ذ | آ | ئ | ا | ض | س | ع | ش |
| د | ف | ف | ظ | ل | د | ن | د | ي | ت | ل | ؤ | إ | ف | ك |
| غ | ب | ن | ي | خ | ط | ا | ا | و | ة | ر | آ | ا | ة | و |
| ب | ا | خ | ر | ض | ت | ت | ب | ت | ف | ي | م | غ | س | ل |
| ع | م | ق | ة | ر | ؤ | س | ح | ب | و | ب | ذ | ر | ة | ة |
| ح | ذ | ة | ه | و | ن | ب | ج | ن | ر | ى | و | ح | ج | ى |
| ل | ئ | د | ك | ا | م | و | ل | ر | خ | ت | إ | ق | آ | ر |
| ض | ي | ط | ا | ت | ر | ل | ظ | ى | ا | ص | ف | ب | ئ | ل |
| ف | ؤ | ق | ف | ذ | ج | ض | ا | ن | ظ | ر | ى | إ | ا | ة |
| ن | ز | ح | ي | ؤ | ث | ئ | ش | ي | خ | ة | ؤ | ص | ق | ئ |

مزارع
الحيوانات
حظيرة
شعير
فاكهة
أوز
الري
حليب
لهب
ناضج
حبوب ذرة
خروف
الراعي
بطة
بستان
مرج
جرار
قمح
الخضروات

# 80 - Jardim

| | | | | | | | | | | | | | | |
|---|---|---|---|---|---|---|---|---|---|---|---|---|---|---|
| م | ر | ا | ن | ل | ا | ل | ع | ش | أ | ع | س | م | ب | م |
| ئ | إ | ت | ث | ج | ة | ق | ة | ز | ش | د | ؤ | ح | س | ق |
| ج | ى | ا | ل | ت | ر | ا | م | ب | و | ل | ي | ن | ت | ع |
| ة | ح | و | ج | ر | أ | و | ر | ا | ش | ز | ب | ع | ا | د |
| ف | ت | ة | د | س | ط | ر | ك | ش | ئ | غ | ة | ح | ن | ط |
| ر | ن | ش | ج | ر | ة | خ | ل | ع | ز | ض | ن | س | ب | و |
| ج | ؤ | ع | خ | ر | ق | ش | خ | أ | ل | ث | ذ | ئ | ق | خ |
| م | ص | ط | ب | ة | ي | ب | ص | ل | ظ | ا | ع | ب | ة | ي |
| غ | س | ا | ت | ح | د | ت | آ | ا | ت | ث | ل | ث | س | ث |
| س | س | ي | ا | ج | ح | ز | ف | س | ل | ل | ض | ص | ك | ع |
| ل | ج | ؤ | ى | ا | ه | إ | إ | ى | ش | إ | ث | إ | ت | غ |
| ة | ت | ش | ف | ر | ظ | ث | ي | ظ | و | إ | ا | ل | ك | ب |
| ب | ر | ك | ة | ك | ل | ل | آ | ع | ذ | ج | ت | ا | و | و |
| ر | م | آ | غ | ط | ي | ق | ت | ظ | ي | ن | ر | ج | ؤ | ش |
| ت | ى | ف | غ | ظ | ث | ؤ | و | ا | ب | غ | ر | ذ | ت | ن |

أشعل النار
بوش
شجرة
مقعد
سياج
الأعشاب
زهرة
كراج
عشب
حديقة

بركة
أرجوحة
خرطوم
مجرفة
بستان
تربة
مصطبة
الترامبولين
رواق
كرمة

# 81 - Oceano

| | | | | | | | | | | | | | | |
|---|---|---|---|---|---|---|---|---|---|---|---|---|---|---|
| ا | ظ | د | ط | ى | ؤ | ز | ح | ع | ؤ | ن | إ | ط | س | س |
| ف | ل | ز | خ | ب | ع | ت | ث | ى | و | ع | ر | ة | ر | د |
| ج | ر | م | خ | ت | ط | و | ب | ط | خ | أ | م | ض | ذ | ح |
| ج | ع | ئ | د | ظ | د | ن | ظ | ت | ض | ى | ب | ق | خ | ك |
| ؤ | م | خ | ة | و | غ | ة | ظ | ب | ج | و | ز | ظ | ئ | ح |
| ص | ة | ب | ش | ذ | ا | و | ن | ا | ط | ر | س | ي | ة | ظ |
| ج | ا | ة | ر | ح | ب | ل | ا | ل | ي | د | ن | ق | م | ئ |
| م | ف | ف | ق | ي | أ | خ | ج | س | م | ك | ي | إ | ج | ك |
| ف | ح | ص | ت | ب | م | غ | ر | ز | ج | ح | ف | س | ت | و |
| آ | ل | ا | آ | ل | و | د | م | ث | ر | و | ل | ف | و | ك |
| ئ | س | ع | ر | ا | ا | س | ل | م | ة | ت | و | ن | خ | ط |
| ا | و | م | ل | ح | ج | ن | ا | ب | ع | ث | د | ج | ى | ك |
| ن | ط | د | غ | ط | ر | غ | ج | ر | إ | ذ | و | ص | ا | ق |
| ئ | إ | ن | ك | ل | ب | آ | ؤ | ا | ظ | ب | ط | ط | ص | ط |
| و | ا | ا | و | ا | ا | ا | ك | ق | ئ | ط | ع | م | د | ف |

المد والجزر
قنديل البحر
أمواج
محار
سمك
أخطبوط
ملح
سلحفاة
عاصفة
قرش

الطحالب
تونة
حوت
قارب
جمبري
سرطان
المرجان
ثعبان
إسفنج
دولفين

# 82 - Profissões #1

| | | | | | | | | | | | | | | |
|---|---|---|---|---|---|---|---|---|---|---|---|---|---|---|
| ب | ج | ق | ئ | س | ر | ش | ت | د | ة | آ | ف | ت | ح | ع |
| و | س | ى | ئ | ف | ى | و | ث | ل | ص | آ | ن | ت | ق | ل |
| ض | ئ | ك | ب | ي | ج | و | ل | و | ي | ج | ا | ى | غ | م |
| غ | ك | ع | ك | ر | ر | ح | م | ل | ا | ع | ن | ص | د | ا |
| ع | ا | ز | ف | ا | ل | ب | ي | ا | ن | و | ي | ي | ي | ل |
| ر | ب | ف | ر | ت | ز | م | ف | آ | ب | ط | ص | ا | م | ن |
| ر | س | ظ | ل | ش | ي | م | ر | د | ق | ح | ر | د | م | ف |
| ق | س | م | ئ | ك | ل | ة | ص | ق | ا | ر | ا | ة | ر | س |
| ع | ن | ا | ظ | ة | ي | ي | م | ا | ح | م | ك | ر | ض | ك |
| د | آ | ز | م | ط | ب | ي | ب | ب | ي | ط | ر | ي | ب | ث |
| ي | ل | ؤ | ر | خ | ة | س | ب | ط | س | ض | غ | س | ث | ع |
| ف | ط | ب | ف | ز | ر | ح | ذ | خ | ب | ة | ح | د | س | ئ |
| غ | س | ء | ا | ف | ط | ا | ل | ا | ل | ا | ج | ر | ت | ي |
| ل | ي | ى | إ | غ | ن | غ | ئ | ا | ص | ئ | إ | ة | و | ث |
| ئ | ظ | ك | ش | ا | م | ق | ض | ط | ا | ي | خ | و | ى | ز |

محرر
سفير
سباك
ممرض
جيولوجي
صائغ
بحار
عازف البيانو
علم النفس
طبيب بيطري

محامي
خياط
فنان
فلكي
مصرفي
رجال الاطفاء
صياد
رسام خرائط
عالم
راقصة

# 83 - Força e Gravidade

| | | | | | | | | | | | | | | |
|---|---|---|---|---|---|---|---|---|---|---|---|---|---|---|
| ا | ت | ح | ج | م | ب | ت | ض | ي | ي | ع | ا | د | ش | ر |
| س | ل | ئ | ل | ز | س | و | خ | ا | ذ | ذ | ل | ص | ن | ض |
| ك | خ | م | س | و | ئ | ض | ن | ا | ن | ؤ | و | إ | خ | غ |
| ز | ش | ر | غ | ح | ر | ي | ل | ف | ث | ة | ق | ج | خ | ا |
| ش | س | ش | ع | ن | ا | ح | ت | ك | ا | ك | ت | ف | ب | ل |
| ع | ر | ئ | ص | ئ | ا | ص | خ | ف | ح | ف | ة | ل | آ | ف |
| ا | ح | ع | د | ج | ر | ط | غ | ض | ن | ب | ب | ك | ع | ي |
| ل | و | ن | د | ذ | ج | ق | ي | ف | ا | ش | ت | ك | ا | ز |
| م | ب | ط | ئ | ن | ا | ظ | د | س | ك | ر | ح | ت | م | ي |
| ي | ح | ب | ز | ؤ | ك | ل | ص | ق | ي | خ | ظ | ح | ى | ا |
| ا | ل | ك | و | ا | ك | ب | م | ق | ن | ة | ع | ر | س | ء |
| ص | ى | ث | ئ | ة | ظ | ث | ش | ر | ا | ط | س | ي | ب | ق |
| س | ب | و | ز | ن | ؤ | ض | آ | و | ك | خ | و | ث | ي | ة |
| ز | ئ | س | ن | آ | ي | ظ | ض | ح | ي | ز | ت | أ | ع | خ |
| ق | غ | ف | ش | ش | ح | ج | ب | م | م | ث | د | ت | ث | ي |

احتكاك
المركز
اكتشاف
متحرك
بون
محور
توسع
الفيزياء
تأثير
المغناطيسية

حجم
ميكانيكا
فلك
وزن
الكواكب
ضغط
خصائص
سرعة
الوقت
عالمي

# 84 - Abelhas

| | | | | | | | | | | | | | | |
|---|---|---|---|---|---|---|---|---|---|---|---|---|---|---|
| ث | إ | آ | خ | ض | ر | أ | ش | ئ | ة | ف | ن | ئ | س | ا |
| ة | ح | س | إ | ض | و | ج | ر | ظ | ن | س | ش | د | ف | إ |
| ر | ض | ص | آ | ك | ز | ن | ر | م | ص | ظ | ط | ؤ | ج | ط |
| د | ج | ق | ع | إ | ه | ح | ل | ر | ز | م | خ | ل | ي | ة |
| ح | خ | ف | آ | ط | ر | ة | ك | ل | م | ف | خ | ض | ض | ه |
| إ | ح | ا | ق | ل | ئ | و | م | ل | ا | ي | س | ظ | ص | ك |
| ت | ع | و | ن | ت | ر | ط | ط | ر | ئ | د | ض | ر | ش | ا |
| ا | ل | ن | ظ | ا | م | ا | ل | ب | ي | ئ | ي | و | ب | ف |
| ش | ي | ح | ح | ت | ت | ض | خ | د | ق | ت | ت | ه | ك | و |
| م | س | ش | د | ا | ش | ع | س | ل | د | ع | ج | ز | ط | ن |
| س | ع | ر | ي | ب | ا | م | إ | ل | ؤ | و | ك | ل | ف | ك |
| ص | آ | ة | ق | ن | ق | ب | ع | ى | ح | و | ج | ا | ظ | ط |
| ز | ق | ي | ة | ث | ع | ى | ن | ح | ي | ص | ص | ظ | ق | ف |
| ط | ع | ف | ث | ك | م | ك | ة | ع | و | ش | ص | ج | ع | ع |
| ل | ض | ذ | غ | ب | ض | ب | ر | ز | ر | ح | ذ | ل | ح | ض |

أجنحة
مفيد
شمع
خلية
تنوع
النظام البيئي
سرب
زهر
الزهور
فاكهة

دخان
الموئل
حشرة
حديقة
عسل
نباتات
لقاح
ملكة
شمس

# 85 - Ciência

| | | | | | | | | | | | | | | |
|---|---|---|---|---|---|---|---|---|---|---|---|---|---|---|
| ا | ج | آ | ى | و | ى | ح | ط | ذ | ر | ة | ب | ر | ج | ت |
| ل | ا | ا | ظ | م | ق | ر | ة | ع | ي | ب | ط | ة | ط | م |
| ب | ذ | غ | ق | ي | ي | ع | ا | ل | م | ؤ | م | س | ج | آ |
| ي | ب | ق | ق | ق | ث | خ | ت | ن | غ | ص | ط | ؤ | ل | إ |
| ا | ي | ة | ة | ظ | ش | ط | ا | ا | ل | م | ع | ا | د | ن |
| ن | ة | غ | ؤ | ط | ق | خ | ئ | ف | ر | ر | غ | ل | ا | ا |
| ا | ت | ب | ص | ب | س | ؤ | ي | ض | ي | ش | و | م | ل | ل |
| ت | آ | ع | ا | ز | ك | ف | ز | ز | غ | ذ | و | ر | ج | ف |
| ا | ح | ب | ن | ث | ت | ؤ | ج | ر | و | ط | ت | ا | س | ي |
| ت | ط | ر | ب | ت | خ | م | ط | ص | ع | ج | م | ق | ي | ز |
| ا | م | ئ | ط | آ | ف | إ | ط | ض | ش | ج | ى | ب | م | ي |
| ب | ض | ع | ل | ن | ث | ا | ص | م | ز | د | ز | ة | ا | ا |
| ن | ك | ش | خ | ض | ظ | ز | د | ف | ي | ي | ك | ض | ت | ء |
| ا | ض | ة | ؤ | ل | ص | ق | ي | آ | ذ | ة | ي | ض | ر | ف |
| ذ | ق | ج | ة | ؤ | ط | ح | ك | ب | ظ | ة | ي | ر | ف | ح |

ذرة
عالم
مناخ
البيانات
تطور
تجربة
حقيقة
الفيزياء
حفرية
جاذبية

فرضية
مختبر
طريقة
المعادن
جزيئات
طبيعة
المراقبة
الجسيمات
نباتات

# 86 - Comida #1

| | | | | | | | | | | | | | | |
|---|---|---|---|---|---|---|---|---|---|---|---|---|---|---|
| ي | غ | م | ا | خ | غ | ث | ع | ص | ي | ر | ن | ض | ف | ز |
| س | غ | ج | ش | خ | إ | و | ق | و | ة | خ | م | ج | ت | ض |
| إ | ي | ش | م | م | و | م | ك | ى | ش | ع | ي | ر | د | س |
| ق | ظ | ة | ط | ص | ش | ظ | ظ | ء | ا | س | ح | ض | ل | ا |
| ل | غ | ح | ك | ك | ن | ص | غ | ة | ط | ل | س | ب | ل | و |
| ط | ل | خ | ي | ا | ر | م | ح | ئ | ض | ت | س | م | ل | ح |
| د | ر | ل | ل | ؤ | ن | ز | ث | ع | ؤ | آ | ئ | ك | ج | ل |
| ظ | ة | ل | ة | ث | ب | ص | ل | خ | ب | و | س | ي | ر | ي |
| ض | ر | خ | ف | ث | ك | ي | ك | ح | ل | ي | ب | ل | ز | ب |
| ق | ذ | غ | ر | ت | ن | ئ | ر | ي | ح | ا | ن | ق | ج | آ |
| ذ | ن | ظ | ق | ل | ف | غ | د | و | ئ | ث | ب | ح | ي | غ |
| ق | ي | خ | ة | ل | و | ا | ر | ف | م | ة | ز | ي | ص | إ |
| و | خ | خ | ن | ا | ب | س | آ | م | ت | ش | ز | ئ | ى | إ |
| ل | ي | م | و | ن | آ | ض | ؤ | ز | ز | ر | ؤ | ئ | ع | ت |
| ع | ع | د | ت | ت | ظ | ن | ب | ك | ؤ | ط | ت | ذ | ل | ط |

حليب
ليمون
ريحان
فراولة
لفت
خيار
ملح
سلطة
حساء
عصير

السكر
ثوم
تونة
كيك
قرفة
بصل
جزر
شعير
مشمش
سبانخ

# 87 - Geometria

| | | | | | | | | | | | | | | |
|---|---|---|---|---|---|---|---|---|---|---|---|---|---|---|
| ت | ز | ا | و | م | ا | ت | ل | ش | ؤ | ظ | ج | ظ | د | خ |
| ل | ظ | ض | ل | ي | ع | ل | ظ | ق | ص | ر | ف | ط | ب | ر |
| ذ | ج | ئ | إ | ب | ق | ط | ع | ة | ط | ط | ظ | ز | ا | م |
| ب | خ | ت | ح | و | ع | ي | ي | ؤ | ق | ق | ف | ا | ى | ض |
| ب | ئ | خ | ح | ك | خ | د | د | ط | ث | ط | ح | و | ن | خ |
| ك | م | ق | ش | د | ذ | و | ع | ح | ش | ن | ى | ي | ح | ت |
| ب | ث | م | ع | خ | ئ | م | ك | ك | ح | م | ك | ة | ن | س |
| ت | ب | ج | ر | ص | ش | ع | م | ن | ك | ز | ؤ | ل | م | ز |
| ج | ا | ا | آ | ئ | ف | ي | ص | ظ | ز | ش | م | ت | ض | ى |
| ة | ح | س | ا | ب | ظ | إ | ذ | ر | س | ط | ح | ك | ر | ق |
| ل | آ | ع | ي | د | ث | غ | ط | ي | س | و | ل | ا | ر | و |
| د | غ | غ | ق | ش | ن | ج | ل | ة | ؤ | ؤ | خ | ل | ط | خ |
| ا | ر | ت | ف | ا | ع | س | س | م | د | ا | ئ | ر | ة | ن |
| ع | م | ح | أ | إ | ف | ص | ب | إ | ج | ج | د | س | ز | ض |
| م | ث | ل | ث | ت | ل | ز | ذ | ة | ظ | ر | غ | ف | ش | ة |

ارتفاع
زاوية
حساب
دائرة
منحنى
قطر
البعد
معادلة
أفقي
منطق

كتلة
الوسيط
مواز
نسبة
قطعة
تناظر
سطح
نظرية
مثلث
عمودي

# 88 - Pássaros

| | | | | | | | | | | | | | | |
|---|---|---|---|---|---|---|---|---|---|---|---|---|---|---|
| ف | غ | ث | ن | ن | ئ | آ | ك | ئ | ث | ر | ا | ن | د | ظ |
| ر | ظ | ت | و | س | ك | ق | ك | ص | ا | ل | ب | ج | ع | ا |
| ج | ا | ج | ر | ر | ن | غ | ر | ا | ب | ط | ا | ز | ل | ث |
| آ | م | س | س | م | ح | ث | ذ | ط | ى | ج | س | و | ص | ي |
| ص | آ | ع | ق | ل | ا | ى | ر | ب | ة | س | ق | إ | ل | ة |
| ن | س | غ | و | س | م | ي | ه | ؤ | م | و | ل | ا | ظ | ق |
| ب | ي | ض | ة | ل | ق | ؤ | ي | ج | ا | و | ق | ا | ض | س |
| إ | خ | ك | ع | ص | ف | و | ر | ق | ع | ا | ل | ز | ر | خ |
| آ | ب | خ | ج | آ | ا | إ | و | س | ن | ط | ل | ا | ي | ة |
| ح | ا | ح | ب | ن | و | ت | ن | ؤ | غ | ل | ا | ف | خ | ف |
| إ | ث | ز | ك | ظ | ض | ح | ا | ح | م | ا | م | ة | ن | ي |
| ص | ل | ئ | ب | ب | ف | ن | ق | ج | ذ | ك | ذ | ط | ن | خ |
| ص | ع | ط | ي | م | ئ | ش | و | س | ط | ق | إ | ب | ع | ع |
| ط | إ | ذ | ق | ز | ذ | و | ط | ح | غ | ع | ن | ة | ج | خ |
| آ | ؤ | د | ذ | ن | ح | ذ | ص | ح | ط | ء | ا | غ | ب | ب |

نعامة
نسر
اللقلق
بجعة
غراب
الوقواق
نحام
دجاج
نورس
إوز

هيرون
بيضة
ببغاء
عصفور
بطة
الطاووس
البجع
البطريق
حمامة
طوقان

# 89 - Literatura

| | | | | | | | | | | | | | | |
|---|---|---|---|---|---|---|---|---|---|---|---|---|---|---|
| ط | ط | ى | ت | ذ | ر | و | ا | ي | ة | د | ي | ص | ق | م |
| ز | م | ب | ى | ظ | ض | ة | ف | أ | س | ض | ئ | ط | د | و |
| ذ | ؤ | ن | ر | د | ح | ى | س | ر | و | ؤ | ش | د | آ | ض |
| م | ل | ا | ي | خ | ا | س | ت | ع | ا | ر | ة | د | ز | و |
| إ | ف | ؤ | ى | د | ق | ن | خ | ة | د | ع | ب | إ | ت | ع |
| ظ | ط | ص | ح | ر | ش | ا | ع | ر | ي | ق | د | غ | ح | آ |
| ش | ر | ي | و | ا | ر | ل | ا | ا | ش | ا | ط | ل | ل | ا |
| د | ق | ا | ف | ي | ة | م | ق | و | ب | ل | ك | ل | ي | ل |
| ج | ذ | ة | ئ | ص | ب | ق | ي | ح | ج | س | ك | ح | ل | ق |
| ق | ل | ا | ل | ف | ؤ | ا | إ | م | أ | س | ا | ة | ظ | ي |
| ص | ط | ق | ل | ص | و | ر | ن | ز | ز | ق | ظ | ض | غ | ا |
| و | ن | ؤ | غ | ث | ذ | ن | ؤ | آ | خ | ص | س | ة | ض | س |
| ظ | ا | ح | ض | ئ | ا | ة | ز | ي | ض | ح | ي | ن | ظ | ا |
| ا | س | ت | ن | ت | ا | ج | ذ | ر | س | ن | ج | ض | ث | ض |
| ر | س | ق | د | ك | ى | آ | ف | و | ظ | ج | ع | ئ | إ | إ |

القياس
تحليل
حكاية
مؤلف
مقارنة
استنتاج
وصف
حوار
نمط
خيال

استعارة
الراوي
رأي
قصيدة
شاعري
قافية
إيقاع
رواية
موضوع
مأساة

# 90 - Química

| | | | | | | | | | | | | | | |
|---|---|---|---|---|---|---|---|---|---|---|---|---|---|---|
| غ | د | آ | ز | س | آ | ق | أ | ة | د | م | ي | ز | ن | ا |
| ظ | ل | ث | ى | ع | ق | ب | ك | ر | م | ح | ة | ظ | س | ح |
| ط | غ | ة | ش | ظ | ة | خ | س | ا | ث | ف | ق | ف | إ | م |
| ع | ث | ض | ن | ع | ش | ح | ج | ر | ؤ | ز | ي | ل | ظ | ض |
| ى | ض | ي | ح | ظ | ب | آ | ي | ح | ط | إ | س | ؤ | و | ل |
| و | ف | و | ن | ر | ص | ا | ن | ع | خ | ي | ج | آ | ف | ي |
| م | ز | و | ي | و | ا | إ | ل | ك | ت | ر | و | ن | ذ | ض |
| ؤ | ق | ن | ي | ل | ن | ب | ئ | م | ل | ح | ة | ي | ظ | ئ |
| ؤ | ة | ذ | ي | ك | ئ | ظ | ا | خ | م | ط | غ | ج | أ | آ |
| ى | ت | ح | س | ن | إ | و | س | و | ف | ة | ذ | و | ي | ت |
| ك | ج | ص | ن | ي | إ | غ | ع | ح | س | ن | ئ | ر | و | ن |
| ر | غ | س | ؤ | ص | ل | ع | ئ | ي | ع | ت | ؤ | د | ن | ئ |
| ب | د | ر | ج | ة | ا | ل | ح | ر | ا | ر | ة | ي | ص | ظ |
| و | ي | ط | آ | آ | ب | ت | ش | س | ش | ذ | ج | ه | غ | م |
| ن | ك | ك | ل | ص | غ | ا | ز | آ | ر | ح | ؤ | س | ت | ي |

قلوي
حمض
حرارة
كربون
محفز
كلور
عناصر
إلكترون
انزيم
غاز

هيدروجين
أيون
سائل
مركب
نووي
عضوي
أكسجين
وزن
ملح
درجة الحرارة

# 91 - Clima

| | | | | | | | | | | | | | | |
|---|---|---|---|---|---|---|---|---|---|---|---|---|---|---|
| س | ب | ر | ق | ن | ء | ا | م | س | ط | ف | ف | ظ | د | آ |
| ق | ح | ز | ق | س | و | ق | ع | د | ن | ص | ت | ص | ر | ج |
| ر | س | ا | ك | ك | د | ر | ا | ص | ع | إ | ح | ت | ج | د |
| ر | ط | ب | ب | د | ه | ع | س | ب | م | إ | ر | غ | ة | ة |
| ق | ط | ب | ي | ة | ذ | ت | ت | آ | ؤ | ن | آ | ز | ا | ا |
| ص | ح | ص | ح | ا | ب | س | و | د | م | ن | ا | ح | ل | ئ |
| م | ي | و | ج | ل | ا | ف | ا | ل | غ | ل | ا | خ | ح | ح |
| ن | ر | و | ؤ | ح | ب | ل | ئ | ا | خ | ن | ي | ك | ر | ك |
| س | ج | ر | ك | ز | ض | د | ي | ل | ج | ذ | ؤ | ل | ا | ش |
| ي | ة | خ | ي | ة | ل | إ | ع | ش | ي | د | ض | و | ر | م |
| م | ج | ا | ف | د | ا | م | ض | ر | غ | ش | ش | ؤ | ة | ق |
| ث | ظ | و | ا | إ | ش | ع | إ | ئ | ل | ى | ع | م | ف | غ |
| ص | غ | ل | ف | ت | ش | ت | ن | ظ | ل | ا | ت | ة | ص | ف |
| ر | آ | ا | ج | ل | ث | غ | س | ي | ى | ر | س | خ | ا | ى |
| م | ت | ا | ن | ف | م | ظ | ة | آ | ؤ | ؤ | ظ | ئ | ع | و |

برق
جفاف
جاف
درجة الحرارة
عاصفة
إعصار
استوائي
الرعد
رطب
ريح

قوس قزح
الغلاف الجوي
نسيم
هدوء
سماء
مناخ
جليد
الضباب
سحابة
قطبي

# 92 - Tecnologia

| | | | | | | | | | | | | | | |
|---|---|---|---|---|---|---|---|---|---|---|---|---|---|---|
| ص | د | ل | ى | ك | م | د | ظ | ب | ع | ق | ث | ز | ص | س |
| ة | ظ | ت | ن | ر | ت | ن | إ | ح | ذ | ش | ى | آ | ة | ث |
| ش | ف | ي | م | ة | ق | ق | د | ض | آ | ب | ة | ج | ح | ت |
| ا | ة | ا | أ | ب | ؤ | م | ة | م | ذ | ز | ص | ء | ج | س |
| ش | ل | ب | ظ | س | و | ر | ي | ف | ر | ظ | س | ا | د | و |
| ق | ا | ح | ت | ة | إ | ة | ض | ل | ص | غ | ث | ص | و | ش |
| ر | س | ف | ا | ر | ي | م | ا | ك | ط | ذ | ث | ح | ب | ب |
| آ | ر | ص | ن | س | ى | آ | ر | غ | ة | س | ط | إ | ر | ض |
| غ | و | ت | ا | ع | و | س | ت | ة | ن | ف | د | ل | م | ئ |
| ص | ر | م | ي | ت | آ | ب | ف | ؤ | و | ص | ل | ا | ج | غ |
| ى | ق | ل | ب | خ | ظ | د | ا | ف | د | ذ | خ | ي | ي | ق |
| خ | غ | ا | ل | ط | ط | ك | ا | ل | م | ؤ | ش | ر | ا | إ |
| ق | ي | ن | ا | ح | ؤ | ئ | ى | م | ح | ت | ج | ت | ت | ي |
| ا | ي | و | م | خ | آ | خ | ة | ف | آ | ف | ب | و | ا | ك |
| د | ت | ح | إ | ي | إ | ؤ | ن | ي | ت | ة | ن | ج | ح | ل |

ملف
مدونة
بايت
كاميرا
الحاسوب
المؤشر
البيانات
رقمي
الإحصاء
خط

إنترنت
رسالة
المتصفح
بحث
أمن
برمجيات
شاشة
افتراضية
فيروس

# 93 - Arte

| | | | | | | | | | | | | | | |
|---|---|---|---|---|---|---|---|---|---|---|---|---|---|---|
| ا | ش | ا | ب | ت | ج | ش | ط | ي | س | ب | ت | د | ف | ق |
| ة | خ | ل | ك | ي | م | ا | ر | ي | س | ا | ط | ب | ذ | ؤ |
| ؤ | ص | ت | ر | ل | ي | ر | ص | ب | ح | ل | ذ | ج | ظ | و |
| ذ | ي | ع | م | ص | ل | ؤ | م | و | ؤ | ش | إ | ط | ن | ت |
| ؤ | ع | ب | ق | أ | ة | و | ل | ة | ئ | ك | ت | د | ن | ح |
| ك | ض | ي | د | ب | ر | ي | و | ص | ت | ل | ظ | ت | ى | ؤ |
| ظ | ل | ر | ا | م | ب | ر | ز | م | ر | ئ | ح | د | ل | ع |
| ة | ج | ا | ص | م | آ | ذ | ق | م | ط | ن | ي | و | ك | ت |
| ل | ش | آ | س | ث | ة | ح | ا | ز | ل | ؤ | إ | ئ | غ | ش |
| إ | ع | و | ض | و | م | م | ق | ا | ز | ص | ز | ؤ | آ | ظ |
| ذ | آ | إ | ب | ر | ؤ | ر | ش | ج | ش | ظ | ص | د | ع | ل |
| د | ي | ع | ف | ؤ | آ | ع | س | آ | خ | ذ | ذ | ى | ز | ت |
| ر | ل | ا | ل | س | ر | ي | ا | ل | ي | ة | ث | ذ | ج | آ |
| ؤ | ت | ر | ط | ر | ط | ش | ز | ل | خ | ح | ص | خ | ح | ت |
| ا | ق | ع | ج | ظ | ي | ذ | ر | ق | ز | م | د | و | ز | ع |

سيراميك
مركب
تكوين
النحت
التعبير
الشكل
صادق
مزاج
ربما
أصلي

شخصي
لوحات
شعر
تصوير
بسيط
رمز
موضوع
السريالية
بصري

# 94 - Diplomacia

| | | | | | | | | | | | | | | |
|---|---|---|---|---|---|---|---|---|---|---|---|---|---|---|
| م | ض | ك | م | خ | س | ش | ج | ب | ن | ز | ا | ط | و | ظ |
| ل | ع | ي | خ | ة | ف | ن | ق | ا | ش | ذ | ر | ي | ر | د |
| ة | أ | م | ن | ه | ي | ت | ظ | ع | م | ص | ي | ت | ض | إ |
| غ | ى | د | ط | ا | ر | س | ب | ص | د | ق | ا | ن | إ | خ |
| ن | ش | غ | ذ | ز | س | ث | ة | ث | ت | ا | غ | ل | ل | ا |
| م | ص | ة | س | ن | ة | ن | إ | غ | ى | ئ | ل | ى | ف | د |
| ن | ذ | د | ى | ل | ظ | ث | إ | و | ل | ف | ب | ة | س | ب |
| ن | ز | ه | ت | ا | ت | ع | ا | و | ن | ف | ح | ر | ي | ل |
| ط | ذ | ا | ج | ر | ف | ي | ر | ا | ر | ق | ل | ا | ا | و |
| ص | ا | ع | ع | ي | د | ة | ب | ل | م | ا | و | ف | س | م |
| ا | ل | م | و | ا | ط | ن | و | ن | س | ل | س | س | ة | ا |
| خ | ر | ع | ق | ك | ث | ص | ط | ف | ت | خ | ش | ل | م | س |
| ن | ح | ر | ج | ق | خ | ث | د | ع | ش | أ | ط | ا | و | ي |
| و | ؤ | ز | ة | س | ع | غ | ذ | ث | ا | خ | ر | ب | ك | خ |
| خ | خ | إ | ش | ب | ة | ص | و | و | ر | ق | ل | ف | ح | ث |

حكومة
إنساني
النزاهة
عدالة
اللغات
سياسة
القرار
أمن
حل
معاهدة

المواطنون
ملة
نزاع
مستشار
تعاون
دبلوماسي
نقاش
السفارة
سفير
أخلاق

# 95 - Comida # 2

| | | | | | | | | | | | | | | |
|---|---|---|---|---|---|---|---|---|---|---|---|---|---|---|
| إ | ث | ك | ب | ا | ر | ي | ف | د | ذ | ت | ع | ة | ل | خ |
| ئ | ي | س | ب | ا | ذ | ن | ج | ا | ن | ف | ج | ى | ش | ر |
| ة | ر | م | ط | ا | م | ط | د | ق | ى | ا | م | ب | ذ | ش |
| ة | ض | ك | ج | ح | ف | س | ج | ز | ة | ح | م | ق | ن | و |
| ح | ر | ي | ز | ن | خ | ل | ا | م | ح | ل | ك | م | خ | ف |
| ؤ | س | ث | و | ت | ر | آ | ج | آ | و | ب | ن | ع | ة | ذ |
| ط | ئ | ا | م | ي | ز | ب | ا | د | ي | ر | ج | ك | ك | ع |
| ف | غ | ؤ | ج | ا | ك | إ | ج | ح | ن | و | ظ | ؤ | م | خ |
| م | ا | ط | ب | ق | س | م | س | ى | د | ك | ن | ب | ت | ض |
| ئ | ى | ز | ب | آ | ج | ش | ف | ش | ث | ل | ص | د | ئ | ع |
| ك | ت | ذ | ح | ا | خ | ق | ط | د | ك | ي | ش | ة | س | ف |
| ش | ر | ل | ا | ف | م | ذ | ر | ط | إ | ا | آ | ر | ئ | ف |
| ث | س | ز | ل | ش | و | ك | و | ل | ا | ت | ة | أ | ط | خ |
| م | غ | ط | و | غ | إ | ط | ج | و | ر | ض | خ | ر | غ | ل |
| ج | ح | ذ | ز | ف | ب | ي | ض | ة | إ | ق | ى | ز | ئ | ة |

زبادي
كيوي
تفاح
بيضة
سمك
لحم الخنزير
جبن
طماطم
قمح
عنب

خرشوف
لوز
أرز
موز
باذنجان
بروكلي
كرز
شوكولاتة
فطر
دجاج

# 96 - Universo

| | | | | | | | | | | | | | | |
|---|---|---|---|---|---|---|---|---|---|---|---|---|---|---|
| م | ي | ي | ف | غ | ء | ا | م | س | ق | ذ | ز | إ | ى | ا |
| ع | ي | س | م | ش | ر | غ | ل | ث | ا | ب | ق | م | غ | ل |
| ا | ك | ل | ف | و | ى | و | ي | ا | م | ا | ا | ا | ب | ك |
| ف | ل | خ | ط | ا | ل | ع | ر | ض | ن | ر | ع | ل | و | و |
| و | ف | غ | ظ | خ | ح | ة | ى | ى | ا | ق | ئ | ة | أ | ي |
| ز | ع | ز | ل | ء | ظ | م | ة | ج | ج | م | ل | ي | ف | ك |
| ض | ل | ل | ز | ا | ن | غ | ح | ظ | ز | ج | ر | ا | ق | ب |
| ش | م | ا | ؤ | و | ف | ث | آ | ظ | ل | ا | م | ف | ب | خ |
| ة | ا | ل | إ | ت | و | ا | ة | ن | ك | ة | ق | إ | ر | ع |
| ك | ل | ب | ق | س | ة | ع | ل | ث | س | د | ن | ف | إ | ح |
| و | ف | ر | ذ | ا | ل | ف | ض | ج | ل | ذ | ة | د | ل | ؤ |
| ن | ل | و | خ | ل | ش | ذ | ط | ة | و | ى | ب | ى | غ | ي |
| ي | ك | ج | ز | ا | ق | ظ | د | ف | ج | ي | و | ا | م | س |
| ل | ق | ي | ع | ط | خ | ط | ا | ل | ط | و | ل | ذ | ك | ن |
| آ | ر | ف | و | خ | ذ | ف | م | ظ | ت | ة | ع | ق | ح | ث |

خط العرض
خط الطول
قمر
فلك
شمسي
الانقلاب
مقراب
ظلام
مرئي
البروج

الكويكب
علم الفلك
فلكي
الغلاف الجوي
سماوي
سماء
كوني
خط الاستواء
أفق
إمالة

# 97 - Jazz

| | | | | | | | | | | | | | | |
|---|---|---|---|---|---|---|---|---|---|---|---|---|---|---|
| آ | إ | ا | ا | ت | ط | ئ | ش | ظ | س | غ | ث | ئ | ض | ك |
| ا | ل | ت | ر | ك | ي | ز | ص | ل | ة | س | ع | ا | ع | ذ |
| ش | ج | خ | ظ | ح | س | م | ي | ك | ب | ح | ث | م | ث | ؤ |
| أ | غ | ن | ي | ة | ي | ق | ي | س | و | م | ة | ل | ف | ح |
| ف | ا | ى | ا | ل | ظ | ة | ع | ش | إ | ت | ل | ئ | ؤ | م |
| ن | ل | د | ح | ض | ح | ش | ب | ع | س | ي | ق | ث | ت | ل |
| ا | ا | م | ر | ف | خ | ت | ك | و | ي | ن | ق | ن | ش | ح |
| ن | ر | و | ط | م | ن | ح | ى | ن | م | أ | ق | ا | ي | ن |
| ع | ت | س | غ | ل | و | ب | ط | ل | ا | و | ل | ب | ع | ة |
| خ | ج | ي | م | ا | ق | ن | ل | ا | ب | ر | و | ه | ش | م |
| ك | ا | ق | أ | ل | ب | و | م | و | ص | ك | و | ا | د | ن |
| ج | ل | ى | ا | ل | ج | د | ي | د | ج | س | ى | و | ح | ص |
| ى | خ | ي | ة | ن | ذ | ي | د | ص | ا | ت | ؤ | م | ص | ن |
| ض | س | ش | ظ | ئ | خ | ك | ق | ر | ص | ر | ش | ل | ذ | س |
| آ | ا | ي | غ | ر | ص | ل | ر | ة | ذ | ا | ق | ا | ق | د |

المفضلة
النوع
الارتجال
موسيقى
الجديد
أوركسترا
إيقاع
المواهب
تقنية
قديم

فنان
ألبوم
الطبول
أغنية
تكوين
ملحن
حفلة موسيقية
نمط
التركيز
مشهور

# 98 - Barcos

| | | | | | | | | | | | | | | |
|---|---|---|---|---|---|---|---|---|---|---|---|---|---|---|
| م | إ | غ | ف | ض | ع | ي | ع | ى | ط | س | ت | م | د | ث |
| غ | س | ي | م | ئ | و | خ | ط | ق | ر | ر | ظ | ك | و | ض |
| و | ص | ك | ط | ئ | ا | ت | ي | ر | ح | ب | ا | ظ | خ | ط |
| ر | ا | ح | ب | س | م | ا | ح | و | ب | ط | ة | غ | ث | ا |
| ه | ة | ك | ؤ | ث | ة | م | م | ز | ح | ش | ا | ى | ا | ق |
| ن | ة | ر | ا | ب | ع | ل | ا | ل | ض | ل | س | و | ن | م |
| ذ | ر | ح | س | إ | ن | ت | ج | ا | م | ب | ر | د | م | ط |
| ر | ي | م | ا | ق | ت | ب | ك | د | غ | ح | م | د | و | ن |
| ئ | ح | ث | ر | ع | خ | ا | ئ | ل | ع | ج | ا | و | م | أ |
| و | ب | ظ | ي | ق | ي | ظ | خ | ك | س | ف | و | ط | و | ؤ |
| ب | ث | ا | ة | ا | ل | ذ | ؤ | ك | ث | و | ك | ى | ش | س |
| ش | غ | س | ك | ز | ف | س | ف | ف | م | د | ث | م | ص | ل |
| إ | ذ | ئ | ج | ض | خ | ع | خ | ؤ | ئ | ب | ظ | ئ | س | ة |
| ذ | ى | ر | ب | خ | ق | ح | ل | ش | ح | ي | ظ | ذ | ز | ر |
| آ | ا | ظ | ت | ذ | ا | د | ص | ن | ل | ظ | ذ | ى | ش | ج |

بحر
المد
بحار
سارية
محرك
بحري
محيط
أمواج
نهر
طاقم

مرساة
العبارة
عوامة
كاياك
الزورق
حبل
رصيف
يخت
طوف
بحيرة

# 99 - Mamíferos

| | | | | | | | | | | | | | | |
|---|---|---|---|---|---|---|---|---|---|---|---|---|---|---|
| ف | ح | ا | خ | ح | م | ا | ر | و | ح | ش | ي | ت | ع | ذ |
| غ | ح | آ | ر | ف | و | ك | س | ط | م | ي | ذ | ذ | ظ | ئ |
| ؤ | و | ا | و | غ | ع | ت | ن | ل | ك | ك | ئ | ك | ك | ب |
| ذ | ت | ز | ف | ع | آ | و | ك | ب | ؤ | ق | ب | ك | ح | ا |
| ط | ئ | ر | د | ل | ق | ب | و | ن | ت | د | ل | م | ج | ل |
| غ | ش | ا | ع | ر | آ | ق | م | ظ | ق | ع | ك | د | ا | ب |
| أ | ئ | ف | ؤ | ل | ب | ة | ن | ص | س | ص | ؤ | م | ك | ر |
| س | ر | ة | غ | ح | ي | م | ج | ص | و | ك | ر | ا | ض | ا |
| ج | م | ن | ا | ص | ح | ن | ك | ع | ج | ط | ر | ظ | ى | ر |
| ق | ط | و | ب | ى | ض | ن | ى | ن | ي | ف | ل | و | د | ي |
| ا | ل | ي | ر | و | غ | و | ن | ث | غ | آ | ي | و | ر | ع |
| ة | ن | ض | ؤ | ن | ج | ب | ي | ى | ي | ر | ف | ث | ق | آ |
| ظ | آ | غ | غ | آ | ب | أ | س | د | ع | ا | ل | و | ل | ل |
| ط | ع | ؤ | م | غ | غ | ح | ك | م | ظ | س | ا | ر | ن | آ |
| ذ | ا | ى | إ | ى | ض | ط | ظ | ق | غ | ن | ط | إ | ل | ل |

حوت
جمل
كنغر
سمور
حصان
كلب
أرنب
ذئب البراري
الفيل
قط

زرافة
دولفين
غوريلا
أسد
ذئب
قرد
خروف
فوكس
ثور
حمار وحشي

# 100 - Atividades e Lazer

| | | | | | | | | | | | | | | |
|---|---|---|---|---|---|---|---|---|---|---|---|---|---|---|
| ة | ز | ع | م | ع | آ | ر | ة | م | آ | ة | ص | ر | ك | ك |
| ر | ؤ | خ | ذ | د | غ | ف | س | ل | ف | ن | ي | ب | ر | ق |
| ئ | س | ة | ح | ا | ب | س | ا | ا | ب | ؤ | د | ش | ة | ت |
| ا | ت | س | ي | غ | ل | ل | ث | ك | ظ | ؤ | ا | م | ا | خ |
| ط | ض | ك | ض | ق | ئ | ا | ض | م | ؤ | ظ | ل | ص | ل | ي |
| ل | ئ | آ | ص | ى | خ | ا | س | ة | ن | ت | س | ب | ق | ي |
| ا | ل | ه | و | ا | ي | ا | ت | ت | ب | ذ | م | ئ | د | م |
| ة | ذ | ب | غ | ب | ئ | ل | ع | ع | ر | د | ك | س | م | ط |
| ر | ش | ئ | ل | و | ب | س | ي | ب | آ | خ | ت | ج | ب | ف |
| ك | إ | و | ا | ج | إ | ا | إ | ة | ؤ | ك | ا | ا | ح | و |
| ل | ث | ظ | ش | و | إ | ص | إ | ش | ل | ي | س | ء | س | ع |
| ا | ت | آ | ف | ل | آ | م | ذ | ت | ئ | ت | د | ب | ب | م |
| ر | ض | ن | ت | ف | إ | ث | غ | ص | ض | آ | ؤ | ي | ا | ز |
| ي | إ | ة | س | ة | ش | ط | ف | ف | ن | ا | ق | ق | ؤ | ق |
| ك | ر | ة | ا | ل | س | ل | ة | ح | و | ل | ل | ا | ر | غ |

تخييم
فن
كرة السلة
بيسبول
ملاكمة
سباق
كرة القدم
جولف
الهوايات
بستنة

الغوص
سباحة
صيد السمك
اللوحة
الاسترخاء
تصفح
تنس
السفر
الكرة الطائرة

## 1 - Dirigindo

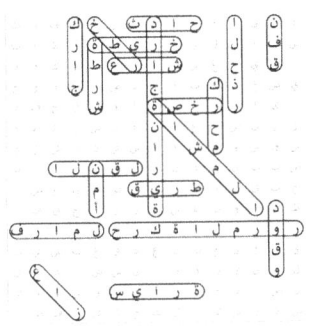

## 2 - Antiguidades

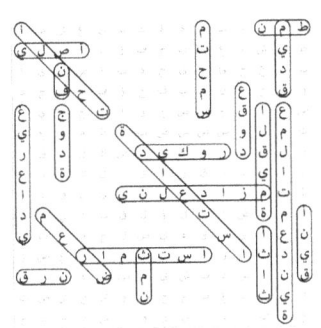

## 3 - Churrascos

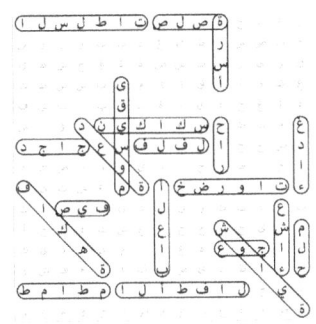

## 4 - Geologia

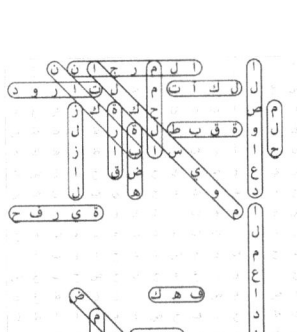

## 5 - Ética

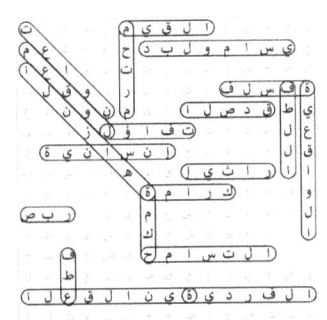

## 6 - Tempo

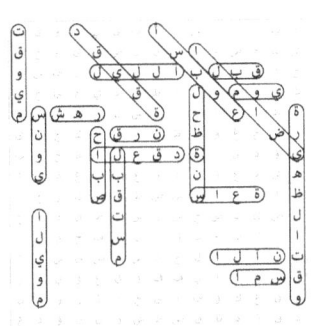

## 7 - Astronomia

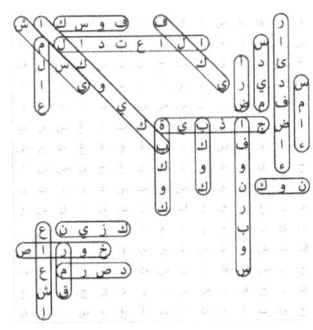

## 8 - Acampamento

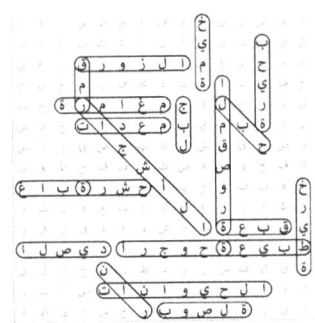

## 9 - Ficção Científica

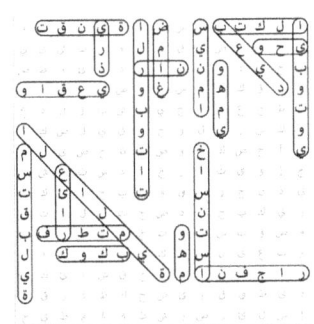

## 10 - Mitologia

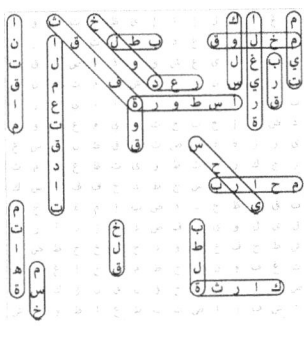

## 11 - Medições

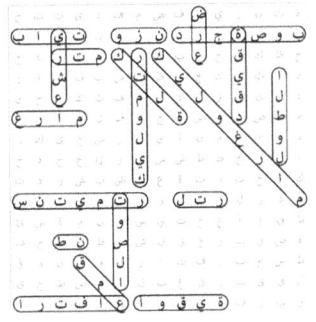

## 12 - Álgebra

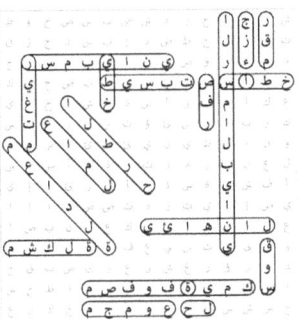

## 13 - Plantas

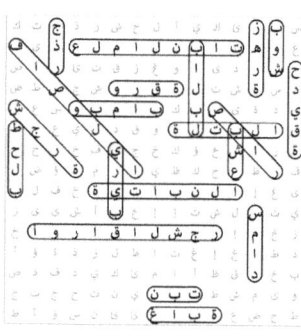

## 14 - Veículos

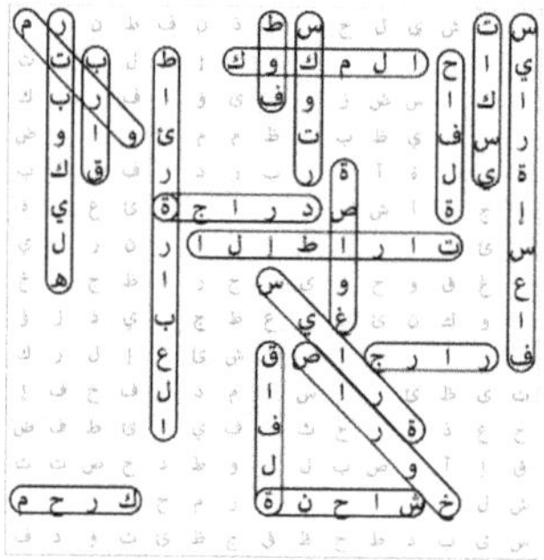

## 15 - Engenharia

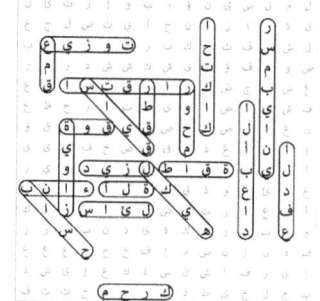

## 16 - Restaurante # 2

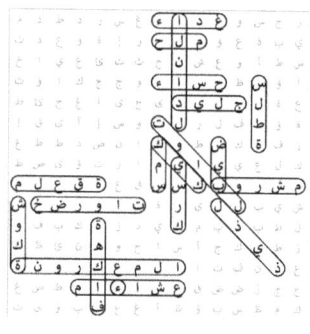

## 17 - Países #2

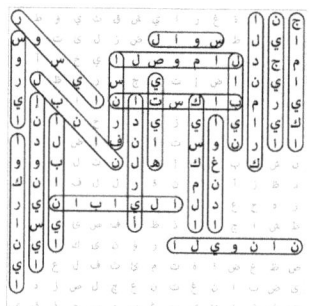

## 18 - Cozinha

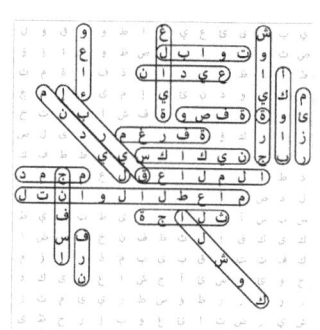

## 19 - Material de Arte

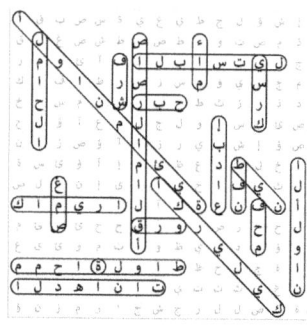

## 20 - Números

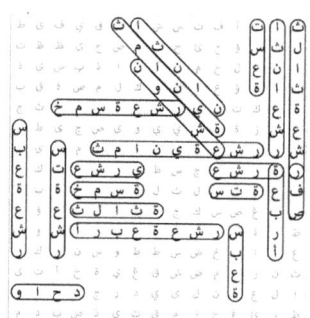

## 21 - Física

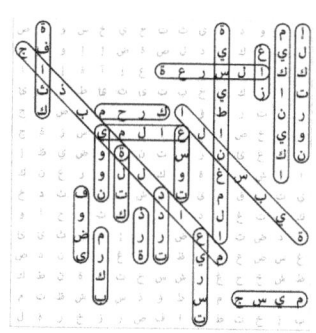

## 22 - Especiarias

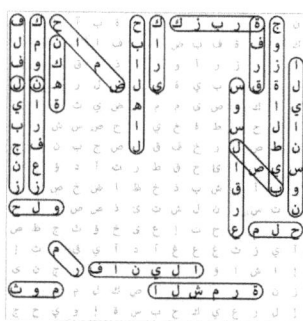

## 23 - Países #1

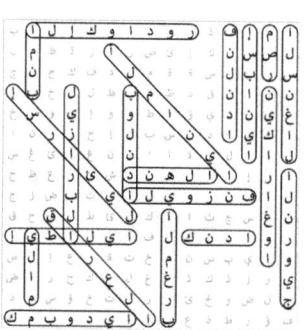

## 24 - A Mídia

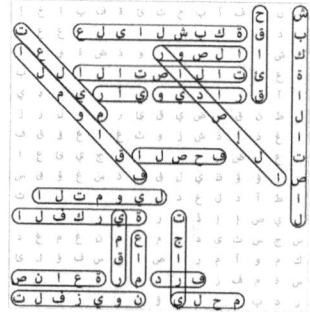

# 25 - Casa

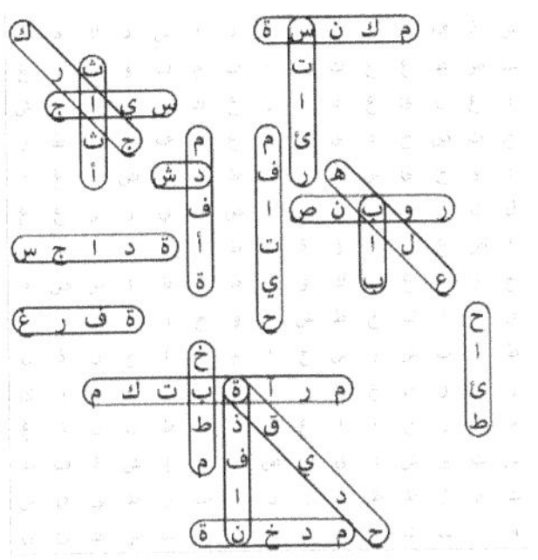

# 26 - Vegetais

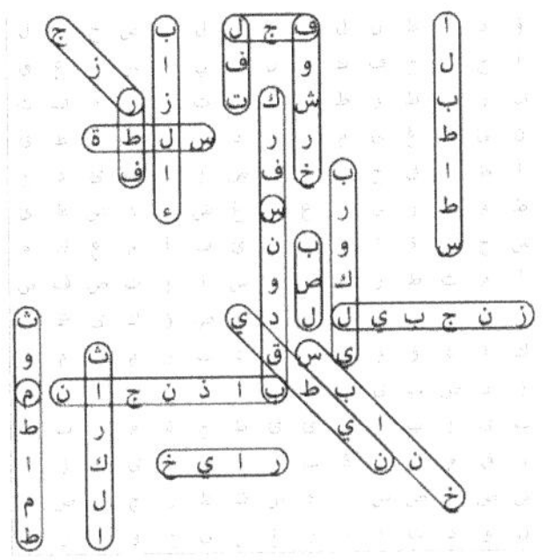

# 27 - Balé

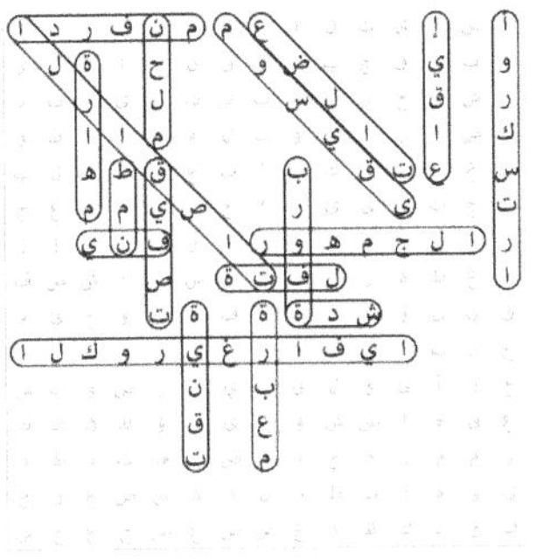

# 28 - Adjetivos #1

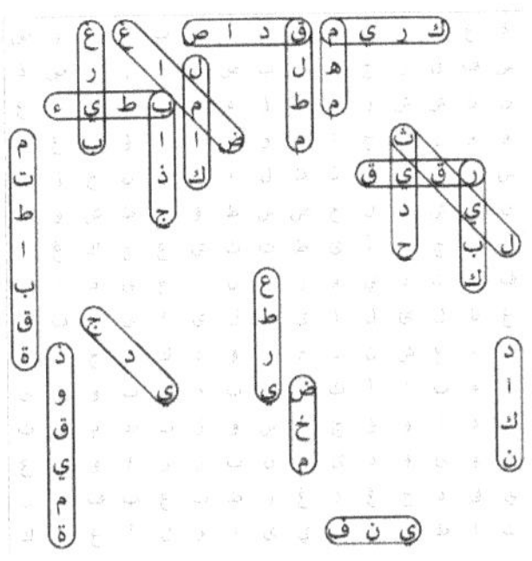

# 29 - Psicologia

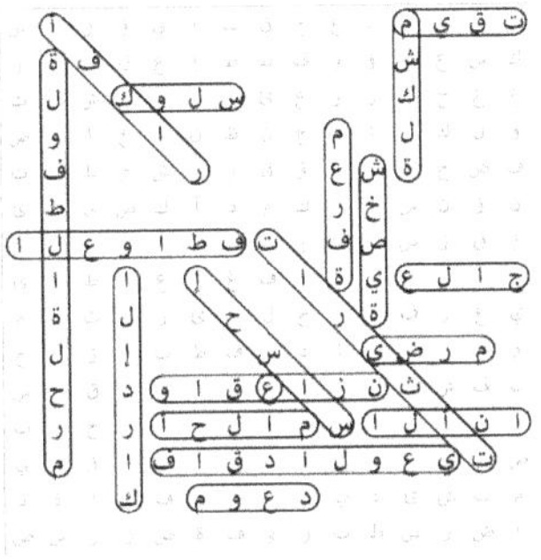

# 30 - Paisagens

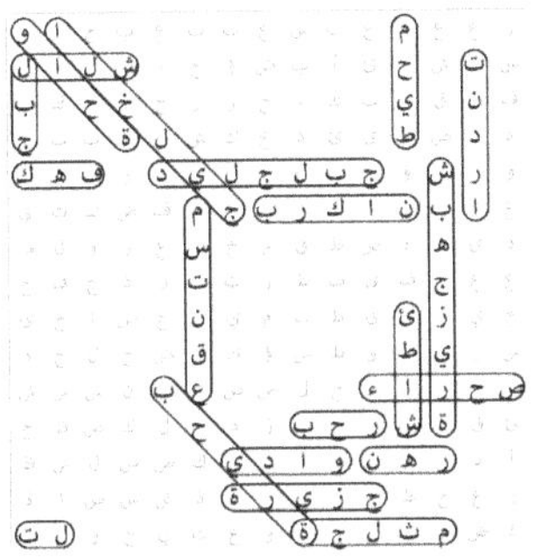

# 31 - Dança

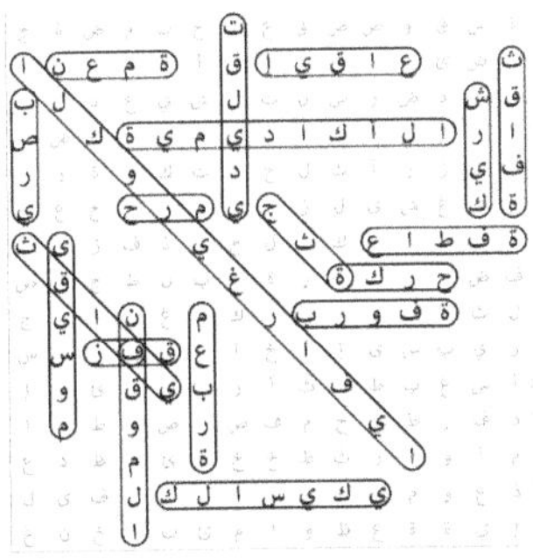

# 32 - Nutrição

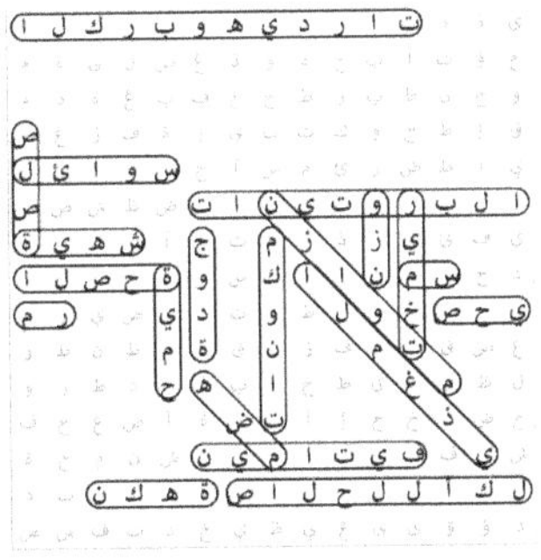

# 33 - Energia

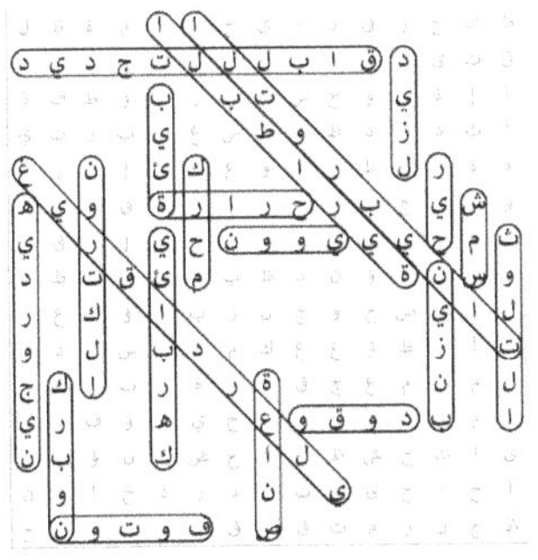

# 34 - Disciplinas Científicas

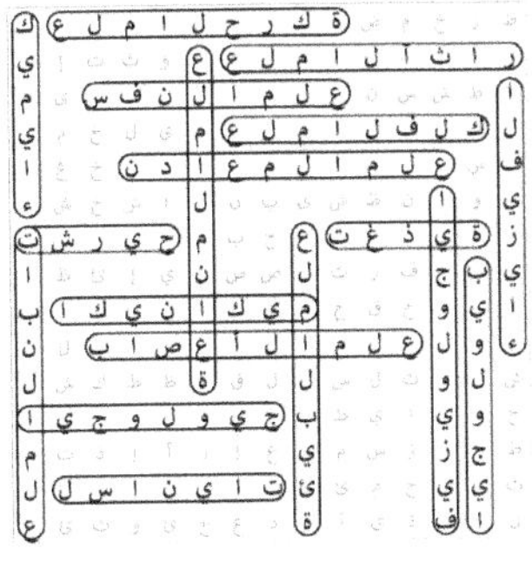

# 35 - Meditação

# 36 - Moda

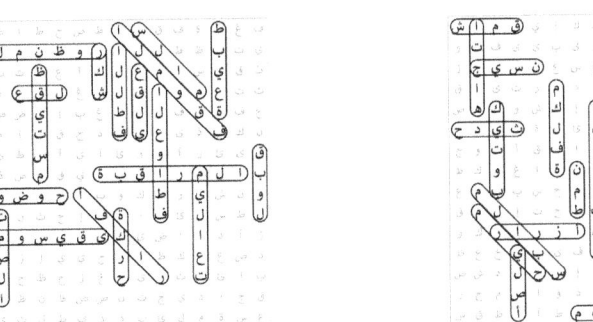

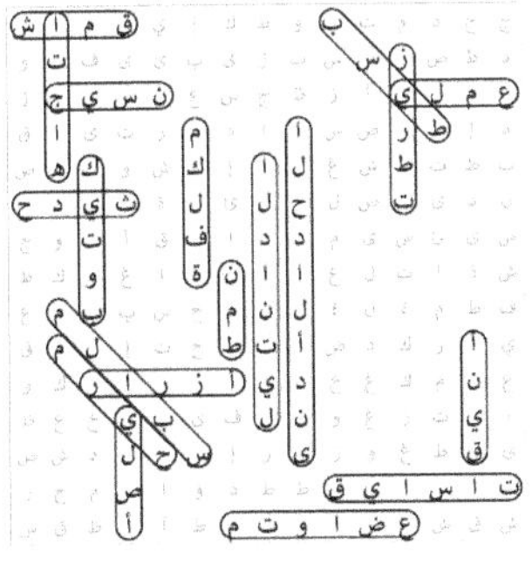

## 37 - Instrumentos Musicais

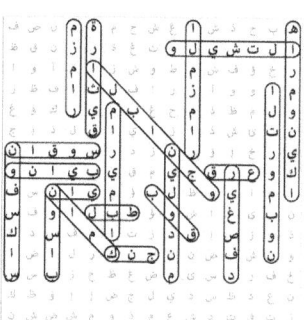

## 38 - Adjetivos #2

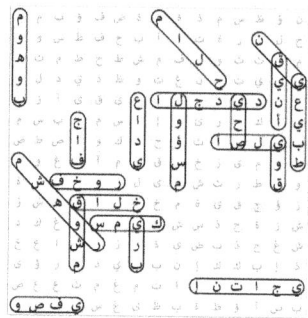

## 39 - Roupas

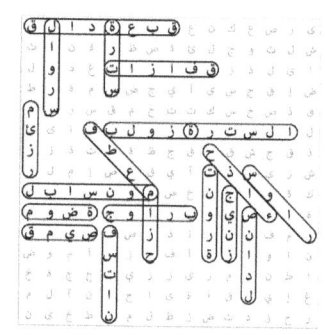

## 40 - Herbalismo

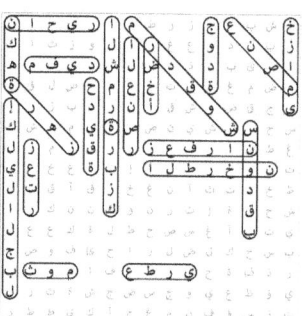

## 41 - Arqueologia

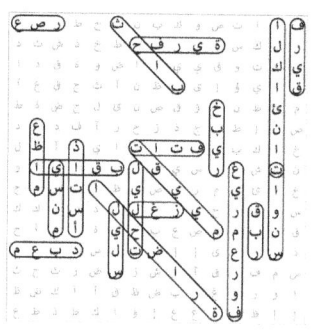

## 42 - Agronomia

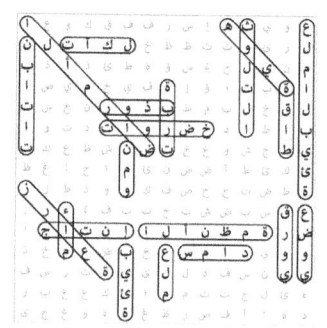

## 43 - Frutas

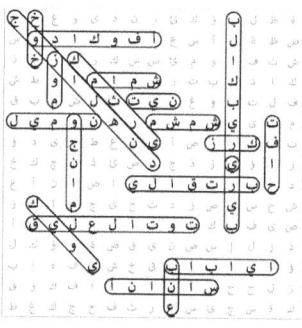

## 44 - Corpo Humano

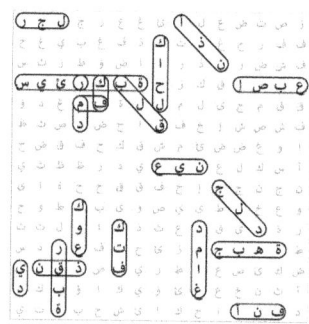

## 45 - Restaurante #1

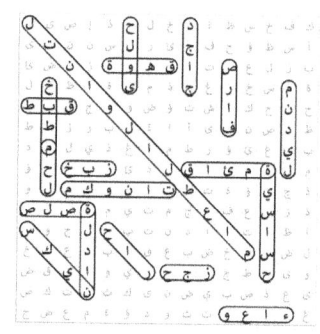

## 46 - Caminhada

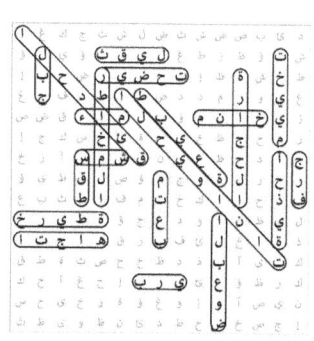

## 47 - Biologia

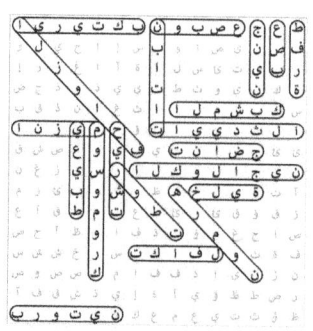

## 48 - Beleza

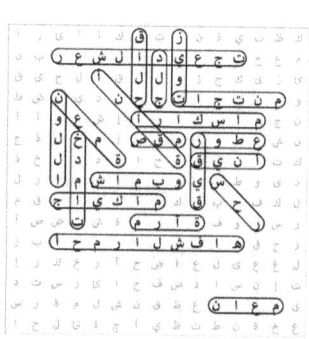

## 49 - Filantropia

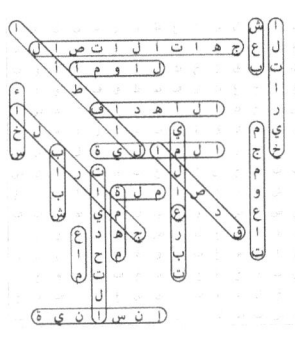

## 50 - Ecologia

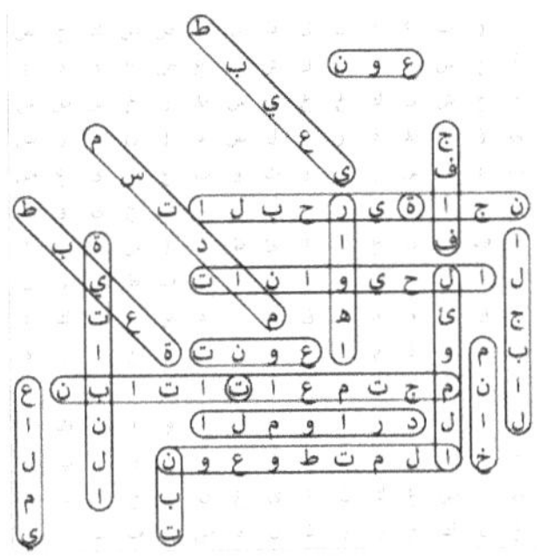

## 51 - Família

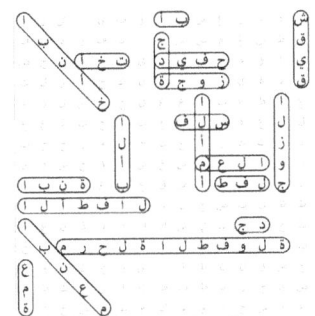

## 52 - Férias #2

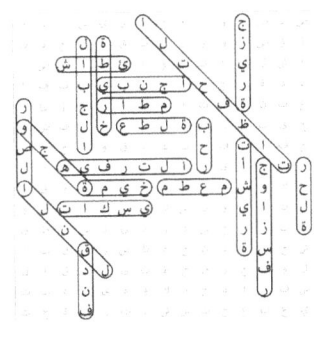

## 53 - Edifícios

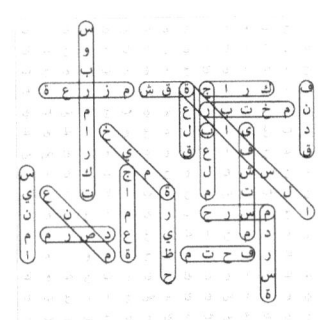

## 54 - Xadrez

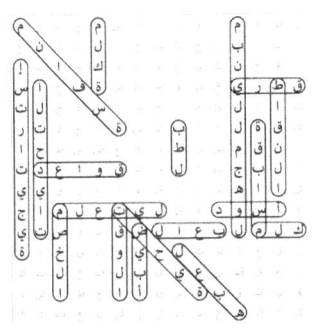

## 55 - Aventura

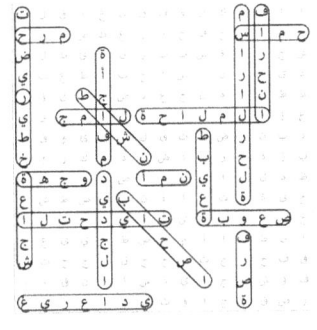

## 56 - Floresta Tropical

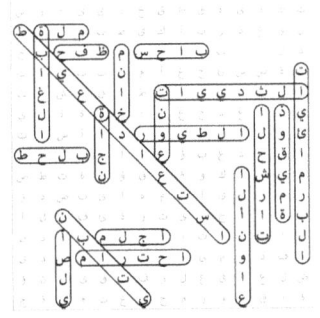

## 57 - Cidade

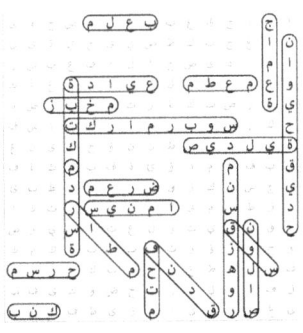

## 58 - Música

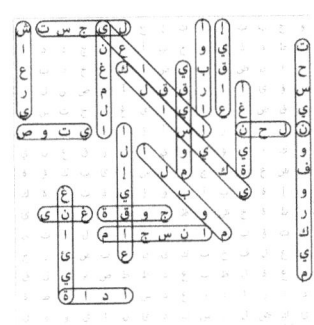

## 59 - Matemática

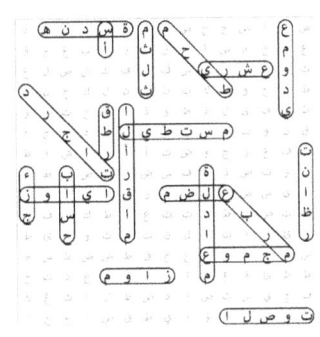

## 60 - Saúde e Bem Estar #1

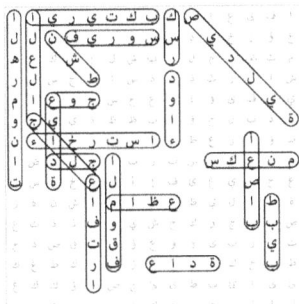

## 61 - Natureza

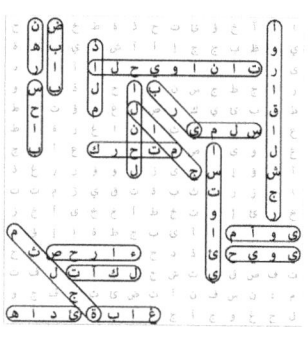

## 62 - A Empresa

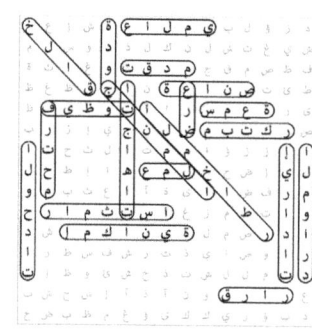

## 63 - Doença

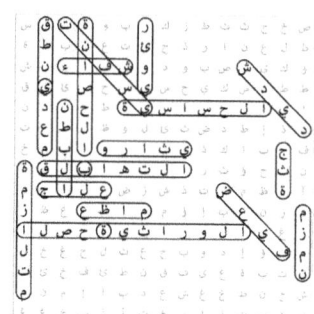

## 64 - Aquecimento Global

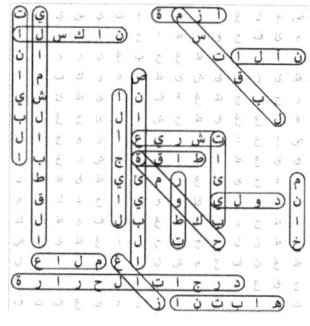

## 65 - Aviões

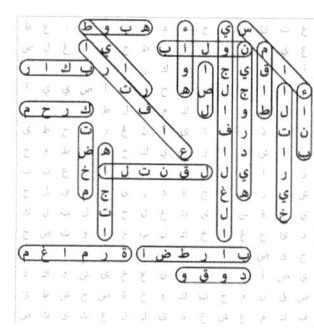

## 66 - Tipos de Cabelo

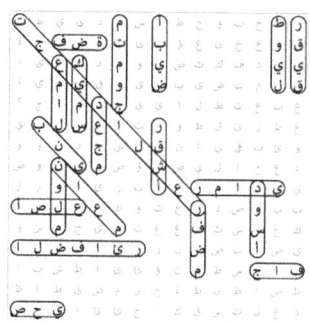

## 67 - Criatividade

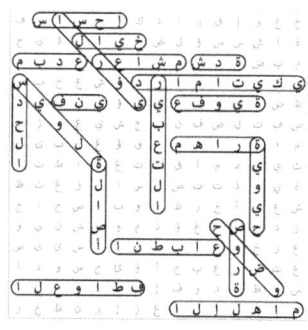

## 68 - Dias e Meses

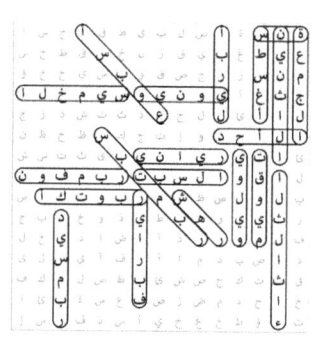

## 69 - Saúde e Bem Estar #2

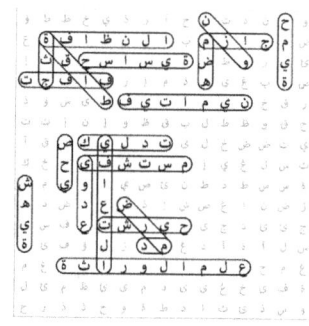

## 70 - Geografia

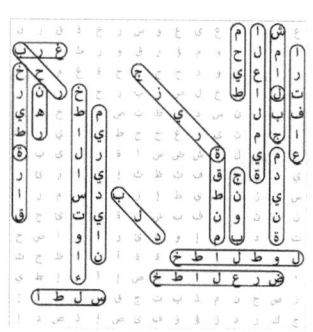

## 71 - Antártica

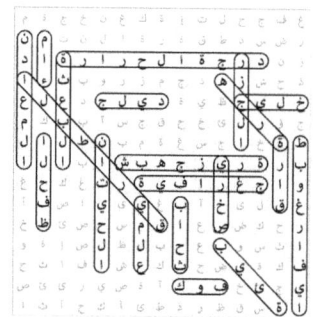

## 72 - Flores

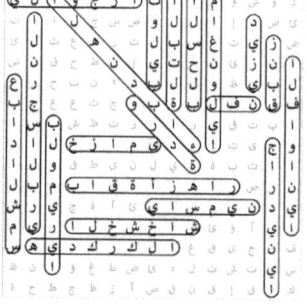

## 73 - Fazenda #1

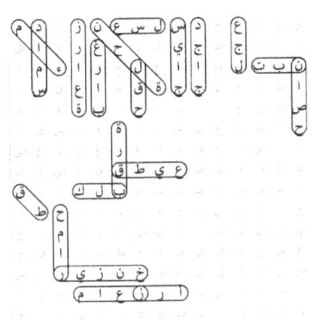

## 74 - Livros

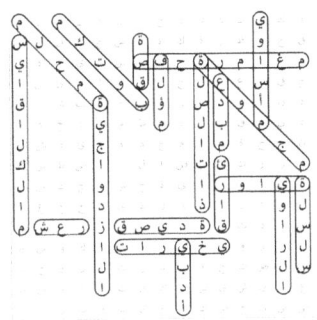

## 75 - Governo

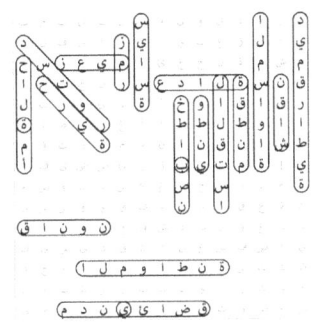

## 76 - Jardinagem

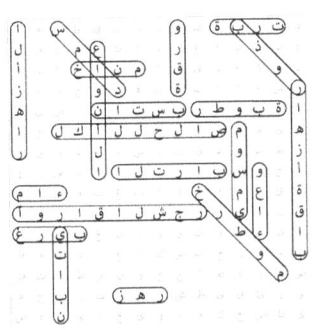

## 77 - Profissões #2

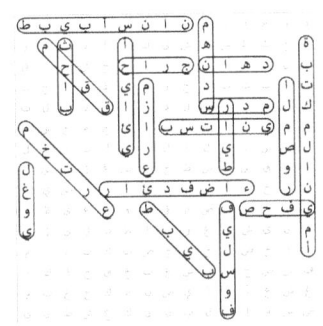

## 78 - Negócios

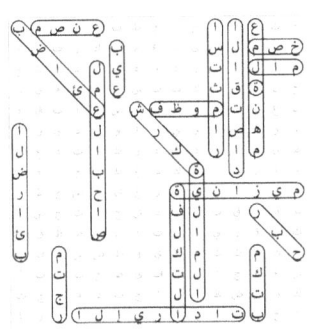

## 79 - Fazenda #2

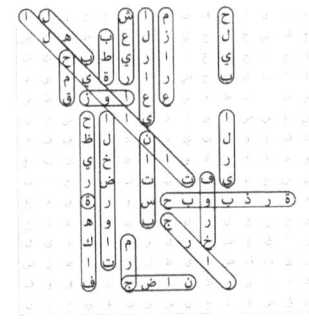

## 80 - Jardim

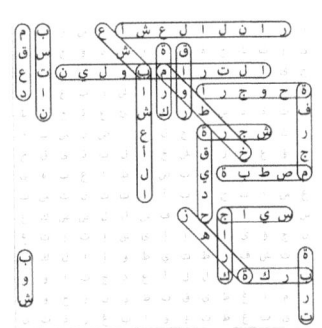

## 81 - Oceano

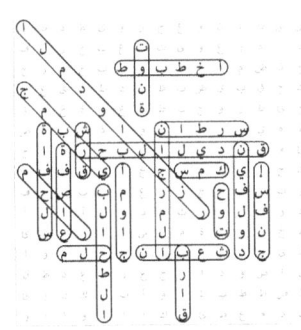

## 82 - Profissões #1

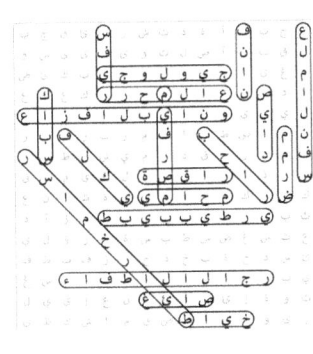

## 83 - Força e Gravidade

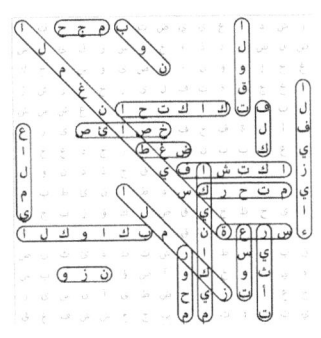

## 84 - Abelhas

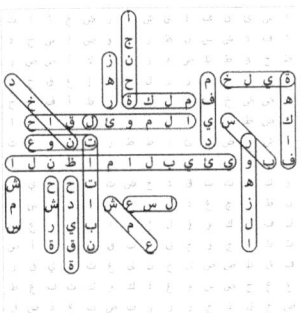

## 85 - Ciência

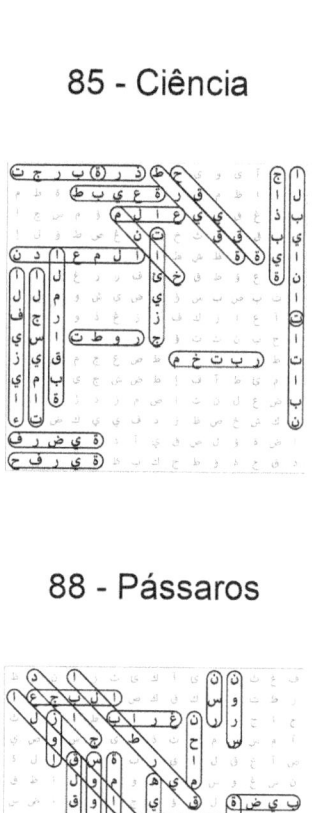

## 86 - Comida #1

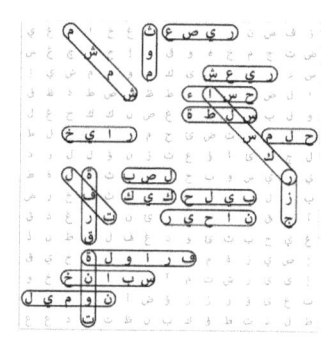

## 87 - Geometria

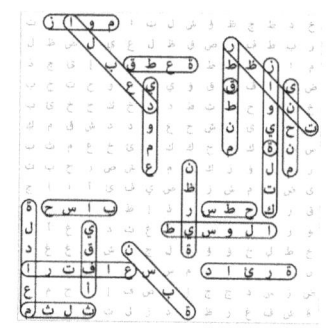

## 88 - Pássaros

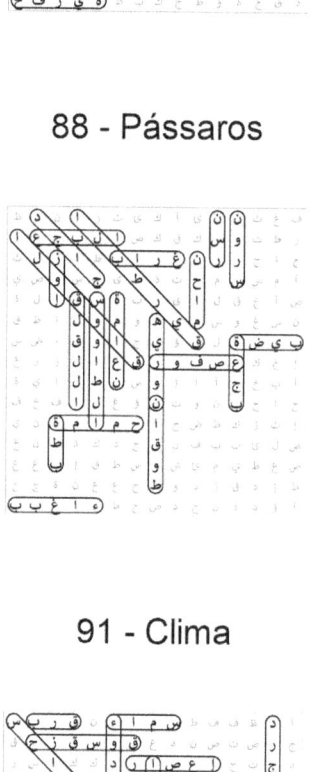

## 89 - Literatura

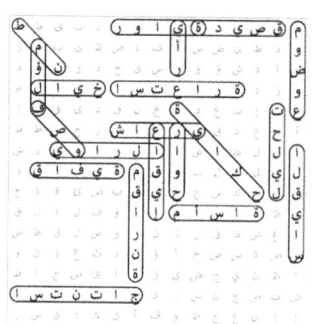

## 90 - Química

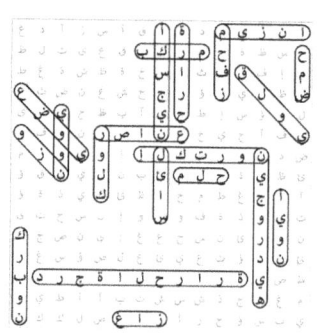

## 91 - Clima

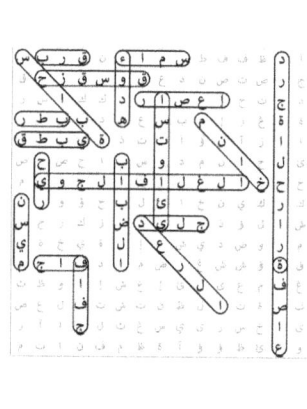

## 92 - Tecnologia

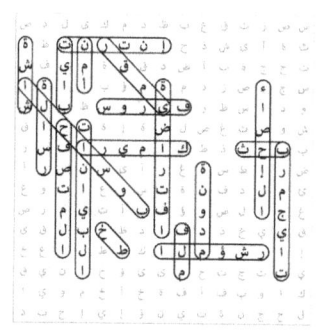

## 93 - Arte

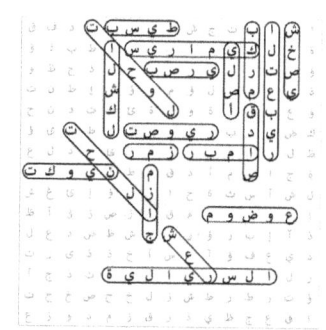

## 94 - Diplomacia

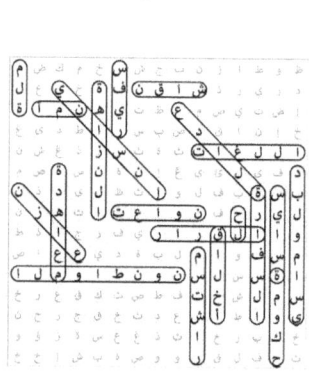

## 95 - Comida # 2

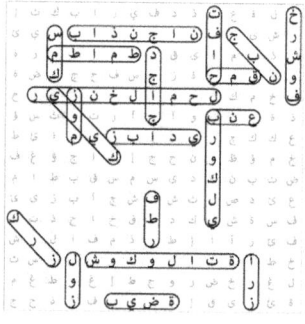

## 96 - Universo

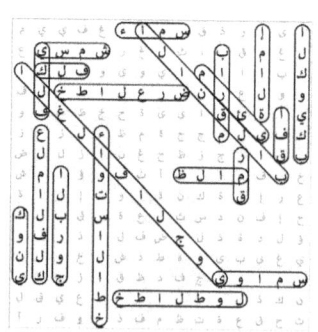

## 97 - Jazz

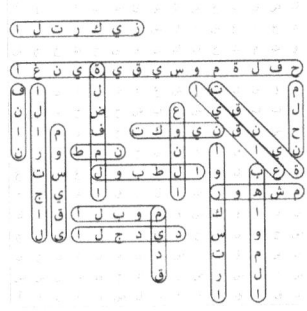

## 98 - Barcos

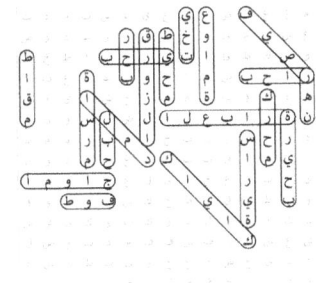

## 99 - Mamíferos

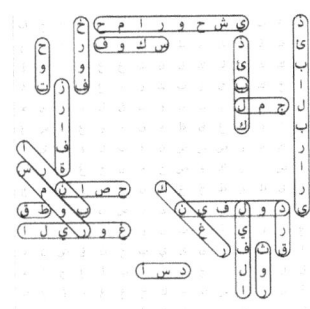

## 100 - Atividades e Lazer

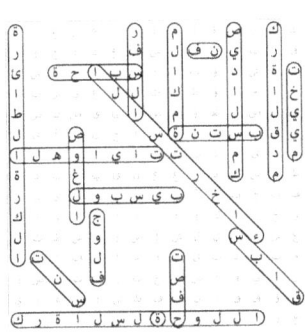

# Dicionário

## A Empresa
الشركة

| | |
|---|---|
| Apresentação | عرض |
| Criativo | خلاق |
| Decisão | قرار |
| Emprego | توظيف |
| Global | عالمي |
| Indústria | صناعة |
| Inovador | مبتكر |
| Investimento | استثمار |
| Negócio | عمل |
| Possibilidade | إمكانية |
| Produto | المنتج |
| Profissional | محترف |
| Progresso | تقدم |
| Qualidade | جودة |
| Receita | إيرادات |
| Recursos | الموارد |
| Reputação | سمعة |
| Riscos | المخاطر |
| Tendências | اتجاهات |
| Unidades | الوحدات |

## A Mídia
وسائل الإعلام

| | |
|---|---|
| Atitudes | المواقف |
| Comercial | تجاري |
| Comunicação | الاتصالات |
| Digital | رقمي |
| Edição | الإصدار |
| Educação | تعليم |
| Fatos | حقائق |
| Financiamento | التمويل |
| Fotos | الصور |
| Individual | فرد |
| Indústria | صناعة |
| Intelectual | الفكرية |
| Jornais | الصحف |
| Local | محلي |
| Online | على الشبكة |
| Opinião | رأي |
| Público | عام |
| Rádio | راديو |
| Rede | شبكة الاتصال |
| Televisão | تلفزيون |

## Abelhas
النحل

| | |
|---|---|
| Asas | أجنحة |
| Benéfico | مفيد |
| Cera | شمع |
| Colmeia | خلية |
| Diversidade | تنوع |
| Ecossistema | النظام البيئي |
| Enxame | سرب |
| Flor | زهر |
| Flores | الزهور |
| Fruta | فاكهة |
| Fumaça | دخان |
| Habitat | الموئل |
| Inseto | حشرة |
| Jardim | حديقة |
| Mel | عسل |
| Plantas | نباتات |
| Pólen | لقاح |
| Rainha | ملكة |
| Sol | شمس |

## Acampamento
عسكرة

| | |
|---|---|
| Animais | الحيوانات |
| Aventura | مغامرة |
| Árvores | الأشجار |
| Bússola | بوصلة |
| Cabine | المقصورة |
| Caça | الصيد |
| Canoa | الزورق |
| Chapéu | قبعة |
| Corda | حبل |
| Equipamento | معدات |
| Floresta | غابة |
| Fogo | نار |
| Inseto | حشرة |
| Lago | بحيرة |
| Lua | قمر |
| Maca | أرجوحة |
| Mapa | خريطة |
| Montanha | جبل |
| Natureza | طبيعة |
| Tenda | خيمة |

## Adjetivos #1
الصفات #1

| | |
|---|---|
| Absoluto | مطلق |
| Aromático | عطري |
| Artístico | فني |
| Atraente | جذاب |
| Enorme | ضخم |
| Escuro | داكن |
| Exótico | غريب |
| Fino | رقيق |
| Generoso | كريم |
| Grande | كبير |
| Honesto | صادق |
| Idêntico | متطابقة |
| Importante | مهم |
| Lento | بطيء |
| Misterioso | غامض |
| Moderno | حديث |
| Perfeito | كامل |
| Pesado | ثقيل |
| Sério | جدي |
| Valioso | ذو قيمة |

## Adjetivos #2
الصفات #2

| | |
|---|---|
| Autêntico | أصلي |
| Criativo | خلاق |
| Descritivo | وصفي |
| Dotado | موهوب |
| Elegante | أنيق |
| Famoso | مشهور |
| Forte | قوي |
| Grosso | سميك |
| Interessante | مشوق |
| Natural | طبيعي |
| Normal | عادي |
| Novo | الجديد |
| Orgulhoso | فخور |
| Produtivo | إنتاجي |
| Puro | نقي |
| Responsável | مسؤول |
| Salgado | مالح |
| Saudável | صحي |
| Seco | جاف |
| Selvagem | بري |

## *Agronomia*
## الهندسة الزراعية

| | |
|---|---|
| **Agricultura** | زراعة |
| **Ambiente** | بيئة |
| **Água** | ماء |
| **Ciência** | علم |
| **Crescimento** | نمو |
| **Doenças** | الأمراض |
| **Ecologia** | علم البيئة |
| **Energia** | طاقة |
| **Erosão** | تآكل |
| **Fertilizante** | سماد |
| **Identificação** | هوية |
| **Legumes** | خضروات |
| **Orgânico** | عضوي |
| **Plantas** | نباتات |
| **Poluição** | التلوث |
| **Produção** | إنتاج |
| **Rural** | قروي |
| **Sementes** | بذور |
| **Sistemas** | الأنظمة |
| **Solo** | تربة |

## *Antártica*
## القارة القطبية الجنوبية

| | |
|---|---|
| **Ambiente** | بيئة |
| **Água** | ماء |
| **Baía** | خليج |
| **Baleias** | الحيتان |
| **Científico** | علمي |
| **Conservação** | الحفظ |
| **Continente** | قارة |
| **Enseada** | كوف |
| **Expedição** | البعثة |
| **Gelo** | جليد |
| **Geografia** | جغرافية |
| **Ilhas** | الجزر |
| **Investigador** | باحث |
| **Migração** | هجرة |
| **Minerais** | المعادن |
| **Península** | شبه جزيرة |
| **Pinguins** | البطاريق |
| **Rochoso** | صخري |
| **Temperatura** | درجة الحرارة |
| **Topografia** | طبوغرافيا |

## *Antiguidades*
## التحف

| | |
|---|---|
| **Arte** | فن |
| **Autêntico** | أصلي |
| **Decorativo** | ديكور |
| **Décadas** | عقود |
| **Elegante** | أنيق |
| **Entusiasta** | متحمس |
| **Escultura** | النحت |
| **Estilo** | نمط |
| **Galeria** | معرض |
| **Incomum** | غير عادي |
| **Investimento** | استثمار |
| **Leilão** | مزاد علني |
| **Mobiliário** | أثاث |
| **Moedas** | عملات معدنية |
| **Preço** | ثمن |
| **Qualidade** | جودة |
| **Restauração** | استعادة |
| **Século** | قرن |
| **Valor** | القيمة |
| **Velho** | قديم |

## *Aquecimento Global*
## الاحتباس الحراري

| | |
|---|---|
| **Agora** | الآن |
| **Ambiental** | البيئة |
| **Atenção** | انتباه |
| **Ártico** | القطب الشمالي |
| **Cientista** | عالم |
| **Clima** | مناخ |
| **Crise** | أزمة |
| **Dados** | البيانات |
| **Desenvolvimento** | تطور |
| **Energia** | طاقة |
| **Futuro** | مستقبل |
| **Gás** | غاز |
| **Gerações** | الأجيال |
| **Governo** | حكومة |
| **Habitats** | بيئات |
| **Indústria** | صناعة |
| **Internacional** | دولي |
| **Legislação** | تشريع |
| **Populações** | السكان |
| **Temperaturas** | درجات الحرارة |

## *Arqueologia*
## علم الآثار

| | |
|---|---|
| **Análise** | تحليل |
| **Anos** | سنوات |
| **Avaliação** | تقييم |
| **Civilização** | الحضارة |
| **Descendente** | سليل |
| **Desconhecido** | غير معروف |
| **Equipe** | فريق |
| **Era** | عصر |
| **Especialista** | خبير |
| **Esquecido** | منسي |
| **Fóssil** | حفرية |
| **Fragmentos** | فتات |
| **Investigador** | باحث |
| **Mistério** | لغز |
| **Objetos** | الكائنات |
| **Ossos** | عظام |
| **Professor** | أستاذ |
| **Relíquia** | بقايا |
| **Templo** | معبد |
| **Túmulo** | قبر |

## *Arte*
## الفن

| | |
|---|---|
| **Cerâmica** | سيراميك |
| **Complexo** | مركب |
| **Composição** | تكوين |
| **Escultura** | النحت |
| **Expressão** | التعبير |
| **Figura** | الشكل |
| **Honesto** | صادق |
| **Humor** | مزاج |
| **Inspirado** | ربما |
| **Original** | أصلي |
| **Pessoal** | شخصي |
| **Pinturas** | لوحات |
| **Poesia** | شعر |
| **Retratar** | تصوير |
| **Simples** | بسيط |
| **Símbolo** | رمز |
| **Sujeito** | موضوع |
| **Surrealismo** | السريالية |
| **Visual** | بصري |

## *Astronomia*
## علم الفلك

| | |
|---|---|
| **Asteróide** | الكويكب |
| **Astronauta** | رائد فضاء |
| **Astrônomo** | فلكي |
| **Céu** | سماء |
| **Constelação** | كوكبة |
| **Cosmos** | عالم |
| **Eclipse** | كسوف |
| **Equinócio** | الاعتدال |
| **Foguete** | صاروخ |
| **Gravidade** | جاذبية |
| **Lua** | قمر |
| **Meteoro** | نيزك |
| **Nebulosa** | سديم |
| **Observatório** | مرصد |
| **Planeta** | كوكب |
| **Radiação** | إشعاع |
| **Solar** | شمسي |
| **Supernova** | سوبرنوفا |
| **Terra** | أرض |
| **Universo** | كون |

## *Atividades e Lazer*
## الأنشطة والترفيه

| | |
|---|---|
| **Acampamento** | تخييم |
| **Arte** | فن |
| **Basquete** | كرة السلة |
| **Beisebol** | بيسبول |
| **Boxe** | ملاكمة |
| **Corrida** | سباق |
| **Futebol** | كرة القدم |
| **Golfe** | جولف |
| **Hobbies** | الهوايات |
| **Jardinagem** | بستنة |
| **Mergulho** | الغوص |
| **Natação** | سباحة |
| **Pesca** | صيد السمك |
| **Pintura** | اللوحة |
| **Relaxante** | الاسترخاء |
| **Surfe** | تصفح |
| **Tênis** | تنس |
| **Viagem** | السفر |
| **Voleibol** | الكرة الطائرة |

## *Aventura*
## مغامرة

| | |
|---|---|
| **Alegria** | مرح |
| **Amigos** | اصحاب |
| **Atividade** | نشاط |
| **Beleza** | جمال |
| **Bravura** | شجاعة |
| **Chance** | فرصة |
| **Desafios** | التحديات |
| **Destino** | وجهة |
| **Dificuldade** | صعوبة |
| **Entusiasmo** | حماس |
| **Excursão** | انحراف |
| **Incomum** | غير عادي |
| **Itinerário** | مسار الرحلة |
| **Natureza** | طبيعة |
| **Navegação** | الملاحة |
| **Novo** | الجديد |
| **Perigoso** | خطير |
| **Preparação** | تحضير |
| **Segurança** | أمن |
| **Surpreendente** | مفاجأة |

## *Aviões*
## الطائرات

| | |
|---|---|
| **Altura** | ارتفاع |
| **Ar** | هواء |
| **Aterrissagem** | هبوط |
| **Atmosfera** | الغلاف الجوي |
| **Aventura** | مغامرة |
| **Balão** | بالون |
| **Céu** | سماء |
| **Combustível** | وقود |
| **Construção** | بناء |
| **Descida** | اصل |
| **Direção** | اتجاه |
| **Hidrogênio** | هيدروجين |
| **História** | التاريخ |
| **Inflar** | تضخم |
| **Motor** | محرك |
| **Navegar** | التنقل |
| **Passageiro** | راكب |
| **Piloto** | طيار |
| **Tripulação** | طاقم |
| **Turbulência** | اضطراب |

## *Álgebra*
## الجبر

| | |
|---|---|
| **Diagrama** | رسم بياني |
| **Equação** | معادلة |
| **Expoente** | أس |
| **Falso** | خطأ |
| **Fator** | عامل |
| **Fração** | جزء |
| **Gráfico** | الرسم البياني |
| **Infinito** | لانهائي |
| **Linear** | خطي |
| **Matriz** | مصفوفة |
| **Número** | رقم |
| **Parêntese** | قوس |
| **Problema** | مشكلة |
| **Quantidade** | كمية |
| **Simplificar** | تبسيط |
| **Solução** | حل |
| **Soma** | مجموع |
| **Subtração** | الطرح |
| **Variável** | متغير |
| **Zero** | صفر |

## *Balé*
## باليه

| | |
|---|---|
| **Aplauso** | تصفيق |
| **Artístico** | فني |
| **Compositor** | ملحن |
| **Coreografia** | الكوريغرافيا |
| **Dançarinos** | الراقصات |
| **Ensaio** | بروفة |
| **Estilo** | نمط |
| **Expressivo** | معبرة |
| **Gesto** | لفتة |
| **Habilidade** | مهارة |
| **Intensidade** | شدة |
| **Músculos** | عضلات |
| **Música** | موسيقى |
| **Orquestra** | أوركسترا |
| **Público** | الجمهور |
| **Ritmo** | إيقاع |
| **Solo** | منفردا |
| **Técnica** | تقنية |

## *Barcos*
## القوارب

| | |
|---|---|
| **Âncora** | مرساة |
| **Balsa** | العبارة |
| **Bóia** | عوامة |
| **Caiaque** | كاياك |
| **Canoa** | الزورق |
| **Corda** | حبل |
| **Doca** | رصيف |
| **Iate** | يخت |
| **Jangada** | طوف |
| **Lago** | بحيرة |
| **Mar** | بحر |
| **Maré** | المد |
| **Marinheiro** | بحار |
| **Mastro** | سارية |
| **Motor** | محرك |
| **Náutico** | بحري |
| **Oceano** | محيط |
| **Ondas** | أمواج |
| **Rio** | نهر |
| **Tripulação** | طاقم |

## *Beleza*
## بيوتي

| | |
|---|---|
| **Batom** | أحمر الشفاه |
| **Cachos** | تجعيد الشعر |
| **Charme** | سحر |
| **Cor** | اللون |
| **Elegante** | أنيق |
| **Elegância** | أناقة |
| **Espelho** | مرآة |
| **Estilista** | حلاق |
| **Fotogênico** | رقيق |
| **Fragrância** | عطور |
| **Graça** | نعمة |
| **Maquiagem** | ماكياج |
| **Óleos** | زيوت |
| **Pele** | جلد |
| **Produtos** | منتجات |
| **Rímel** | ماسكارا |
| **Serviços** | خدمات |
| **Suave** | ناعم |
| **Tesoura** | مقص |
| **Xampu** | شامبو |

## *Biologia*
## علم الأحياء

| | |
|---|---|
| **Anatomia** | تشريح |
| **Bactérias** | بكتيريا |
| **Célula** | خلية |
| **Colagénio** | الكولاجين |
| **Cromossoma** | كروموسوم |
| **Embrião** | جنين |
| **Enzima** | انزيم |
| **Evolução** | تطور |
| **Hormona** | هرمون |
| **Mamífero** | الثدييات |
| **Mutação** | طفرة |
| **Natural** | طبيعي |
| **Nervo** | عصب |
| **Neurônio** | عصبون |
| **Osmose** | تناضح |
| **Plantas** | نباتات |
| **Proteína** | بروتين |
| **Réptil** | الزواحف |
| **Simbiose** | تكافل |
| **Sinapse** | المشبك |

## *Caminhada*
## التنزه

| | |
|---|---|
| **Acampamento** | تخييم |
| **Animais** | الحيوانات |
| **Água** | ماء |
| **Botas** | أحذية |
| **Cansado** | متعب |
| **Clima** | مناخ |
| **Mapa** | خريطة |
| **Montanha** | جبل |
| **Mosquitos** | البعوض |
| **Natureza** | طبيعة |
| **Orientação** | اتجاه |
| **Parques** | الحدائق |
| **Pedras** | الحجارة |
| **Penhasco** | جرف |
| **Perigos** | المخاطر |
| **Pesado** | ثقيل |
| **Preparação** | تحضير |
| **Selvagem** | بري |
| **Sol** | شمس |
| **Tempo** | طقس |

## *Casa*
## منزل

| | |
|---|---|
| **Biblioteca** | مكتبة |
| **Cerca** | سياج |
| **Chaminé** | مدخنة |
| **Chaves** | مفاتيح |
| **Chuveiro** | دش |
| **Cortinas** | ستائر |
| **Cozinha** | مطبخ |
| **Espelho** | مرآة |
| **Garagem** | كراج |
| **Janela** | نافذة |
| **Jardim** | حديقة |
| **Lareira** | مدفأة |
| **Mobiliário** | أثاث |
| **Parede** | حائط |
| **Porta** | باب |
| **Quarto** | غرفة |
| **Sótão** | علبه |
| **Tapete** | سجادة |
| **Torneira** | صنبور |
| **Vassoura** | مكنسة |

## *Churrascos*
## حفلات الشواء

| | |
|---|---|
| **Almoço** | غداء |
| **Convite** | دعوة |
| **Crianças** | الأطفال |
| **Facas** | سكاكين |
| **Família** | أسرة |
| **Fome** | جوع |
| **Frango** | دجاج |
| **Fruta** | فاكهة |
| **Grelha** | شواية |
| **Jantar** | عشاء |
| **Jogos** | ألعاب |
| **Legumes** | خضروات |
| **Molho** | صلصة |
| **Música** | موسيقى |
| **Pimenta** | فلفل |
| **Quente** | حار |
| **Sal** | ملح |
| **Saladas** | السلطات |
| **Tomates** | طماطم |
| **Verão** | صيف |

## *Cidade*
مدينة

| | |
|---|---|
| **Aeroporto** | مطار |
| **Banco** | بنك |
| **Biblioteca** | مكتبة |
| **Cinema** | سينما |
| **Clínica** | عيادة |
| **Escola** | مدرسة |
| **Estádio** | ملعب |
| **Farmácia** | صيدلية |
| **Florista** | منسق زهور |
| **Galeria** | معرض |
| **Hotel** | فندق |
| **Jardim Zoológico** | حديقة حيوان |
| **Mercado** | سوق |
| **Museu** | متحف |
| **Padaria** | مخبز |
| **Restaurante** | مطعم |
| **Salão** | صالون |
| **Supermercado** | سوبر ماركت |
| **Teatro** | مسرح |
| **Universidade** | جامعة |

## *Ciência*
العلوم

| | |
|---|---|
| **Átomo** | ذرة |
| **Cientista** | عالم |
| **Clima** | مناخ |
| **Dados** | البيانات |
| **Evolução** | تطور |
| **Experiência** | تجربة |
| **Fato** | حقيقة |
| **Física** | الفيزياء |
| **Fóssil** | حفرية |
| **Gravidade** | جاذبية |
| **Hipótese** | فرضية |
| **Laboratório** | مختبر |
| **Método** | طريقة |
| **Minerais** | المعادن |
| **Moléculas** | جزيئات |
| **Natureza** | طبيعة |
| **Observação** | المراقبة |
| **Partículas** | الجسيمات |
| **Plantas** | نباتات |

## *Clima*
الطقس

| | |
|---|---|
| **Arco-Íris** | قوس قزح |
| **Atmosfera** | الغلاف الجوي |
| **Brisa** | نسيم |
| **Calmo** | هدوء |
| **Céu** | سماء |
| **Clima** | مناخ |
| **Gelo** | جليد |
| **Nevoeiro** | الضباب |
| **Nuvem** | سحابة |
| **Polar** | قطبي |
| **Relâmpago** | برق |
| **Seca** | جفاف |
| **Seco** | جاف |
| **Temperatura** | درجة الحرارة |
| **Tempestade** | عاصفة |
| **Tornado** | إعصار |
| **Tropical** | استوائي |
| **Trovão** | الرعد |
| **Úmido** | رطب |
| **Vento** | ريح |

## *Comida # 2*
الغذاء #2

| | |
|---|---|
| **Alcachofra** | خرشوف |
| **Amêndoa** | لوز |
| **Arroz** | أرز |
| **Banana** | موز |
| **Beringela** | باذنجان |
| **Brócolis** | بروكلي |
| **Cereja** | كرز |
| **Chocolate** | شوكولاتة |
| **Cogumelo** | فطر |
| **Frango** | دجاج |
| **Iogurte** | زبادي |
| **Kiwi** | كيوي |
| **Maçã** | تفاح |
| **Ovo** | بيض |
| **Peixe** | سمك |
| **Presunto** | لحم الخنزير |
| **Queijo** | جبن |
| **Tomate** | طماطم |
| **Trigo** | قمح |
| **Uva** | عنب |

## *Comida #1*
الغذاء #1

| | |
|---|---|
| **Açúcar** | السكر |
| **Alho** | ثوم |
| **Atum** | تونة |
| **Bolo** | كيك |
| **Canela** | قرفة |
| **Cebola** | بصل |
| **Cenoura** | جزر |
| **Cevada** | شعير |
| **Damasco** | مشمش |
| **Espinafre** | سبانخ |
| **Leite** | حليب |
| **Limão** | ليمون |
| **Manjericão** | ريحان |
| **Morango** | فراولة |
| **Nabo** | لفت |
| **Pepino** | خيار |
| **Sal** | ملح |
| **Salada** | سلطة |
| **Sopa** | حساء |
| **Suco** | عصير |

## *Corpo Humano*
جسم الإنسان

| | |
|---|---|
| **Boca** | فم |
| **Cabeça** | رئيس |
| **Cérebro** | دماغ |
| **Coração** | قلب |
| **Cotovelo** | كوع |
| **Dedo** | إصبع |
| **Joelho** | ركبة |
| **Mandíbula** | فك |
| **Mão** | يد |
| **Nariz** | أنف |
| **Olho** | عين |
| **Ombro** | كتف |
| **Orelha** | أذن |
| **Pele** | جلد |
| **Perna** | رجل |
| **Pescoço** | رقبة |
| **Queixo** | ذقن |
| **Sangue** | دم |
| **Testa** | جبهة |
| **Tornozelo** | كاحل |

## *Cozinha*
## مطبخ

| | |
|---|---|
| **Avental** | مئزر |
| **Chaleira** | غلاية |
| **Colheres** | الملاعق |
| **Comer** | لتناول الطعام |
| **Concha** | مغرفة |
| **Cups** | أكواب |
| **Especiarias** | توابل |
| **Esponja** | إسفنج |
| **Facas** | سكاكين |
| **Forno** | فرن |
| **Freezer** | مجمد |
| **Garfos** | الشوك |
| **Geladeira** | ثلاجة |
| **Grelha** | شواية |
| **Guardanapo** | منديل |
| **Jar** | جرة |
| **Jarro** | إبريق |
| **Pauzinhos** | عيدان |
| **Receita** | وصفة |
| **Tigela** | وعاء |

## *Criatividade*
## الإبداع

| | |
|---|---|
| **Artístico** | فني |
| **Autenticidade** | أصالة |
| **Clareza** | وضوح |
| **Dramático** | دراماتيكي |
| **Emoções** | العواطف |
| **Espontânea** | عفوية |
| **Expressão** | التعبير |
| **Fluidez** | سيولة |
| **Habilidade** | مهارة |
| **Imagem** | صورة |
| **Imaginação** | خيال |
| **Impressão** | انطباع |
| **Inspiração** | الإلهام |
| **Intensidade** | شدة |
| **Intuição** | الحدس |
| **Inventivo** | مبدع |
| **Sensação** | إحساس |
| **Sentimentos** | مشاعر |
| **Visões** | الرؤى |
| **Vitalidade** | حيوية |

## *Dança*
## الرقص

| | |
|---|---|
| **Academia** | الأكاديمية |
| **Alegre** | مرح |
| **Arte** | فن |
| **Clássico** | كلاسيكي |
| **Coreografia** | الكوريغرافيا |
| **Corpo** | جثة |
| **Cultura** | ثقافة |
| **Cultural** | ثقافي |
| **Emoção** | عاطفة |
| **Ensaio** | بروفة |
| **Expressivo** | معبرة |
| **Graça** | نعمة |
| **Movimento** | حركة |
| **Música** | موسيقى |
| **Parceiro** | شريك |
| **Postura** | الموقف |
| **Ritmo** | إيقاع |
| **Saltar** | قفز |
| **Tradicional** | تقليدي |
| **Visual** | بصري |

## *Dias e Meses*
## الأيام والأشهر

| | |
|---|---|
| **Abril** | أبريل |
| **Agosto** | أغسطس |
| **Ano** | سنة |
| **Calendário** | تقويم |
| **Dezembro** | ديسمبر |
| **Domingo** | الأحد |
| **Fevereiro** | فبراير |
| **Janeiro** | يناير |
| **Julho** | يوليو |
| **Junho** | يونيو |
| **Mês** | شهر |
| **Novembro** | نوفمبر |
| **Outubro** | أكتوبر |
| **Quinta-Feira** | الخميس |
| **Sábado** | السبت |
| **Segunda-Feira** | الاثنين |
| **Semana** | أسبوع |
| **Setembro** | سبتمبر |
| **Sexta-Feira** | الجمعة |
| **Terça** | الثلاثاء |

## *Diplomacia*
## الدبلوماسية

| | |
|---|---|
| **Cidadãos** | المواطنون |
| **Comunidade** | ملة |
| **Conflito** | نزاع |
| **Consultor** | مستشار |
| **Cooperação** | تعاون |
| **Diplomático** | دبلوماسي |
| **Discussão** | نقاش |
| **Embaixada** | السفارة |
| **Embaixador** | سفير |
| **Ética** | أخلاق |
| **Governo** | حكومة |
| **Humanitário** | إنساني |
| **Integridade** | النزاهة |
| **Justiça** | عدالة |
| **Línguas** | اللغات |
| **Política** | سياسة |
| **Resolução** | القرار |
| **Segurança** | أمن |
| **Solução** | حل |
| **Tratado** | معاهدة |

## *Dirigindo*
## القيادة

| | |
|---|---|
| **Acidente** | حادث |
| **Carro** | سيارة |
| **Combustível** | وقود |
| **Cuidado** | الحذر |
| **Estrada** | طريق |
| **Freios** | فرامل |
| **Garagem** | كراج |
| **Gás** | غاز |
| **Licença** | رخصة |
| **Mapa** | خريطة |
| **Motocicleta** | دراجة نارية |
| **Motor** | محرك |
| **Pedestre** | المشاة |
| **Perigo** | خطر |
| **Polícia** | شرطة |
| **Rua** | شارع |
| **Segurança** | أمن |
| **Transporte** | النقل |
| **Tráfego** | حركة المرور |
| **Túnel** | نفق |

## *Disciplinas Científicas*
التخصصات العلمية

| | |
|---|---|
| **Anatomia** | تشريح |
| **Arqueologia** | علم الآثار |
| **Astronomia** | علم الفلك |
| **Biologia** | بيولوجيا |
| **Botânica** | علم النبات |
| **Cinesiologia** | علم الحركة |
| **Ecologia** | علم البيئة |
| **Fisiologia** | فيزيولوجيا |
| **Física** | الفيزياء |
| **Geologia** | جيولوجيا |
| **Imunologia** | علم المناعة |
| **Linguística** | لسانيات |
| **Mecânica** | ميكانيك |
| **Mineralogia** | علم المعادن |
| **Neurologia** | علم الأعصاب |
| **Nutrição** | تغذية |
| **Psicologia** | علم النفس |
| **Química** | كيمياء |
| **Sociologia** | علم الاجتماع |
| **Zoologia** | علم الحيوان |

## *Doença*
مرض

| | |
|---|---|
| **Abdominal** | البطن |
| **Agudo** | شديد |
| **Alergias** | الحساسية |
| **Contagioso** | معدي |
| **Coração** | قلب |
| **Corpo** | جثة |
| **Crônica** | مزمن |
| **Cura** | شفاء |
| **Fraco** | ضعيف |
| **Genético** | الوراثة |
| **Hereditário** | وراثي |
| **Imunidade** | الحصانة |
| **Inflamação** | التهاب |
| **Lombar** | قطني |
| **Ossos** | عظام |
| **Pulmonar** | رئوي |
| **Respiratório** | تنفسي |
| **Saúde** | الصحة |
| **Síndrome** | متلازمة |
| **Terapia** | علاج |

## *Ecologia*
علم البيئة

| | |
|---|---|
| **Clima** | مناخ |
| **Comunidades** | مجتمعات |
| **Diversidade** | تنوع |
| **Fauna** | الحيوانات |
| **Flora** | النباتية |
| **Global** | عالمي |
| **Habitat** | الموئل |
| **Marinho** | البحرية |
| **Montanhas** | الجبال |
| **Natural** | طبيعي |
| **Natureza** | طبيعة |
| **Pântano** | اهوار |
| **Plantas** | نباتات |
| **Recursos** | الموارد |
| **Seca** | جفاف |
| **Sobrevivência** | نجاة |
| **Sustentável** | مستدام |
| **Variedade** | نوع |
| **Vegetação** | نبت |
| **Voluntários** | المتطوعون |

## *Edifícios*
المباني

| | |
|---|---|
| **Apartamento** | شقة |
| **Castelo** | قلعة |
| **Celeiro** | حظيرة |
| **Cinema** | سينما |
| **Embaixada** | السفارة |
| **Escola** | مدرسة |
| **Estádio** | ملعب |
| **Fazenda** | مزرعة |
| **Fábrica** | مصنع |
| **Garagem** | كراج |
| **Hospital** | مستشفى |
| **Hotel** | فندق |
| **Laboratório** | مختبر |
| **Museu** | متحف |
| **Observatório** | مرصد |
| **Supermercado** | سوبر ماركت |
| **Teatro** | مسرح |
| **Tenda** | خيمة |
| **Torre** | برج |
| **Universidade** | جامعة |

## *Energia*
الطاقة

| | |
|---|---|
| **Ambiente** | بيئة |
| **Bateria** | البطارية |
| **Calor** | حرارة |
| **Carbono** | كربون |
| **Combustível** | وقود |
| **Diesel** | ديزل |
| **Elétrico** | كهربائي |
| **Elétron** | إلكترون |
| **Entropia** | غير قادر علي |
| **Fóton** | فوتون |
| **Gasolina** | بنزين |
| **Hidrogênio** | هيدروجين |
| **Indústria** | صناعة |
| **Motor** | محرك |
| **Nuclear** | نووي |
| **Poluição** | التلوث |
| **Renovável** | قابل للتجديد |
| **Sol** | شمس |
| **Turbina** | التوربينات |
| **Vento** | ريح |

## *Engenharia*
الهندسة

| | |
|---|---|
| **Atrito** | احتكاك |
| **Ângulo** | زاوية |
| **Cálculo** | حساب |
| **Construção** | بناء |
| **Diagrama** | رسم بياني |
| **Diâmetro** | قطر |
| **Diesel** | ديزل |
| **Dimensões** | الأبعاد |
| **Distribuição** | توزيع |
| **Eixo** | محور |
| **Energia** | طاقة |
| **Estabilidade** | استقرار |
| **Estrutura** | هيكل |
| **Força** | قوة |
| **Líquido** | سائل |
| **Máquina** | آلة |
| **Medição** | قياس |
| **Motor** | محرك |
| **Profundidade** | عمق |
| **Propulsão** | الدفع |

## Especiarias
التوابل

| | |
|---|---|
| Açafrão | زعفران |
| Alcaçuz | عرق السوس |
| Alho | ثوم |
| Amargo | مر |
| Anis | اليانسون |
| Azedo | حامض |
| Baunilha | فانيلا |
| Canela | قرفة |
| Cardamomo | حب الهال |
| Caril | كاري |
| Cebola | بصل |
| Coentro | كزبرة |
| Cominho | كمون |
| Doce | حلو |
| Funcho | الشمرة |
| Gengibre | زنجبيل |
| Noz-Moscada | جوزة الطيب |
| Pimenta | فلفل |
| Sabor | نكهة |
| Sal | ملح |

## Ética
الأخلاق

| | |
|---|---|
| Altruísmo | إيثار |
| Bondade | اللطف |
| Compaixão | عطف |
| Cooperação | تعاون |
| Dignidade | كرامة |
| Diplomático | دبلوماسي |
| Filosofia | فلسفة |
| Honestidade | الصدق |
| Humanidade | إنسانية |
| Individualismo | الفردية |
| Integridade | النزاهة |
| Otimismo | تفاؤل |
| Paciência | صبر |
| Racionalidade | العقلانية |
| Razoável | معقول |
| Realismo | الواقعية |
| Respeitoso | محترم |
| Sabedoria | حكمة |
| Tolerância | التسامح |
| Valores | القيم |

## Família
عائلة

| | |
|---|---|
| Antepassado | سلف |
| Avó | جدة |
| Avô | جد |
| Criança | طفل |
| Crianças | الأطفال |
| Esposa | زوجة |
| Filha | ابنة |
| Infância | مرحلة الطفولة |
| Irmã | أخت |
| Irmão | شقيق |
| Marido | الزوج |
| Materno | الأم |
| Mãe | أم |
| Neto | حفيد |
| Pai | أب |
| Paterno | الأب |
| Primo | ابن عم |
| Sobrinho | ابن أخ |
| Tia | عمة |
| Tio | العم |

## Fazenda #1
مزرعة #1

| | |
|---|---|
| Abelha | نحلة |
| Agricultura | زراعة |
| Arroz | أرز |
| Água | ماء |
| Bezerro | عجل |
| Burro | حمار |
| Cabra | ماعز |
| Campo | حقل |
| Cavalo | حصان |
| Cão | كلب |
| Cerca | سياج |
| Corvo | غراب |
| Feno | تبن |
| Fertilizante | سماد |
| Frango | دجاج |
| Gato | قط |
| Mel | عسل |
| Porco | خنزير |
| Rebanho | قطيع |
| Vaca | بقرة |

## Fazenda #2
مزرعة #2

| | |
|---|---|
| Agricultor | مزارع |
| Animais | الحيوانات |
| Celeiro | حظيرة |
| Cevada | شعير |
| Fruta | فاكهة |
| Ganso | أوز |
| Irrigação | الري |
| Leite | حليب |
| Lhama | لهب |
| Maduro | ناضج |
| Milho | حبوب ذرة |
| Ovelha | خروف |
| Pastor | الراعي |
| Pato | بطة |
| Pomar | بستان |
| Prado | مرج |
| Trator | جرار |
| Trigo | قمح |
| Vegetal | الخضروات |

## Férias #2
عطلة #2

| | |
|---|---|
| Aeroporto | مطار |
| Destino | وجهة |
| Estrangeiro | أجنبي |
| Feriado | عطلة |
| Fotos | الصور |
| Hotel | فندق |
| Ilha | جزيرة |
| Lazer | الترفيه |
| Mapa | خريطة |
| Mar | بحر |
| Montanhas | الجبال |
| Passaporte | جواز سفر |
| Praia | شاطئ |
| Reservas | التحفظات |
| Restaurante | مطعم |
| Táxi | تاكسي |
| Tenda | خيمة |
| Transporte | النقل |
| Viagem | رحلة |
| Visto | تأشيرة |

## *Ficção Científica*
## الخيال العلمي

| | |
|---|---|
| **Atómico** | ذري |
| **Cinema** | سينما |
| **Clones** | استنساخ |
| **Distante** | بعيد |
| **Explosão** | انفجار |
| **Extremo** | متطرف |
| **Fantástico** | رائع |
| **Fogo** | نار |
| **Futurista** | مستقبلية |
| **Ilusão** | وهم |
| **Imaginário** | وهمي |
| **Livros** | الكتب |
| **Misterioso** | غامض |
| **Mundo** | العالمية |
| **Oráculo** | وحي |
| **Planeta** | كوكب |
| **Realista** | واقعي |
| **Robôs** | الروبوتات |
| **Tecnologia** | تقنية |
| **Utopia** | يوتوبيا |

## *Filantropia*
## العمل الخيري

| | |
|---|---|
| **Comunidade** | ملة |
| **Contatos** | جهات الاتصال |
| **Crianças** | الأطفال |
| **Desafios** | التحديات |
| **Doar** | تبرع |
| **Finança** | المالية |
| **Fundos** | أموال |
| **Generosidade** | سخاء |
| **Global** | عالمي |
| **Grupos** | مجموعات |
| **História** | التاريخ |
| **Honestidade** | الصدق |
| **Humanidade** | إنسانية |
| **Juventude** | شباب |
| **Missão** | مهمة |
| **Objetivos** | الأهداف |
| **Pessoas** | شعب |
| **Programas** | البرامج |
| **Público** | عام |

## *Física*
## الفيزياء

| | |
|---|---|
| **Aceleração** | تسريع |
| **Átomo** | ذرة |
| **Caos** | فوضى |
| **Densidade** | كثافة |
| **Elétron** | إلكترون |
| **Expansão** | توسع |
| **Fórmula** | معادلة |
| **Frequência** | تردد |
| **Gás** | غاز |
| **Gravidade** | جاذبية |
| **Magnetismo** | المغناطيسية |
| **Massa** | كتلة |
| **Mecânica** | ميكانيك |
| **Molécula** | مركب |
| **Motor** | محرك |
| **Nuclear** | نووي |
| **Partícula** | جسيم |
| **Relatividade** | النسبية |
| **Universal** | عالمي |
| **Velocidade** | السرعة |

## *Flores*
## زهور

| | |
|---|---|
| **Buquê** | باقة أزهار |
| **Dente-De-Leão** | الهندباء |
| **Gardênia** | جاردينيا |
| **Girassol** | عباد الشمس |
| **Hibisco** | الكركديه |
| **Jasmim** | ياسمين |
| **Lavanda** | خزامى |
| **Lilás** | أرجواني |
| **Lírio** | زنبق |
| **Magnólia** | ماغنوليا |
| **Margarida** | ديزي |
| **Narciso** | النرجس البري |
| **Orquídea** | السحلب |
| **Papoula** | الخشخاش |
| **Peônia** | الفاوانيا |
| **Pétala** | البتلة |
| **Plumeria** | بلوميريا |
| **Rosa** | وردة |
| **Trevo** | نفل |
| **Tulipa** | توليب |

## *Floresta Tropical*
## الغابات المطيرة

| | |
|---|---|
| **Anfíbios** | البرمائيات |
| **Botânico** | نباتي |
| **Clima** | مناخ |
| **Comunidade** | ملة |
| **Diversidade** | تنوع |
| **Espécies** | الأنواع |
| **Indígena** | أصلي |
| **Insetos** | الحشرات |
| **Mamíferos** | الثدييات |
| **Musgo** | طحلب |
| **Natureza** | طبيعة |
| **Nuvens** | سحاب |
| **Pássaros** | الطيور |
| **Preservação** | حفظ |
| **Refúgio** | ملجأ |
| **Respeito** | احترام |
| **Restauração** | استعادة |
| **Selva** | الغابة |
| **Sobrevivência** | نجاة |
| **Valioso** | ذو قيمة |

## *Força e Gravidade*
## القوة والجاذبية

| | |
|---|---|
| **Atrito** | احتكاك |
| **Centro** | المركز |
| **Descoberta** | اكتشاف |
| **Dinâmico** | متحرك |
| **Distância** | بون |
| **Eixo** | محور |
| **Expansão** | توسع |
| **Física** | الفيزياء |
| **Impacto** | تأثير |
| **Magnetismo** | المغناطيسية |
| **Magnitude** | حجم |
| **Mecânica** | ميكانيك |
| **Órbita** | فلك |
| **Peso** | وزن |
| **Planetas** | الكواكب |
| **Pressão** | ضغط |
| **Propriedades** | خصائص |
| **Rapidez** | سرعة |
| **Tempo** | الوقت |
| **Universal** | عالمي |

## Frutas
فاكهة

| | |
|---|---|
| Abacate | أفوكادو |
| Abacaxi | أناناس |
| Amora | بلاك بيري |
| Baga | بيري |
| Banana | موز |
| Cereja | كرز |
| Coco | جوز الهند |
| Damasco | مشمش |
| Figo | تين |
| Framboesa | توت العليق |
| Kiwi | كيوي |
| Laranja | برتقالي |
| Limão | ليمون |
| Maçã | تفاح |
| Mamão | بابايا |
| Manga | مانجو |
| Melão | شمام |
| Pera | كمثرى |
| Pêssego | خوخ |
| Uva | عنب |

## Geografia
الجغرافيا

| | |
|---|---|
| Altitude | ارتفاع |
| Atlas | أطلس |
| Cidade | مدينة |
| Continente | قارة |
| Equador | خط الاستواء |
| Ilha | جزيرة |
| Latitude | خط العرض |
| Longitude | خط الطول |
| Mapa | خريطة |
| Mar | بحر |
| Meridiano | ميريديان |
| Montanha | جبل |
| Mundo | العالمية |
| Norte | شمال |
| Oceano | محيط |
| Oeste | غرب |
| País | بلد |
| Região | منطقة |
| Rio | نهر |
| Sul | جنوب |

## Geologia
جيولوجيا

| | |
|---|---|
| Ácido | حمض |
| Camada | طبقة |
| Caverna | كهف |
| Cálcio | الكلسيوم |
| Ciclos | دورات |
| Continente | قارة |
| Coral | المرجان |
| Cristais | بلورات |
| Erosão | تآكل |
| Estalagmites | الصواعد |
| Fóssil | حفرية |
| Lava | الحمم |
| Minerais | المعادن |
| Pedra | حجر |
| Platô | هضبة |
| Quartzo | مرو |
| Sal | ملح |
| Terremoto | زلزال |
| Vulcão | بركان |
| Zona | منطقة |

## Geometria
الهندسة

| | |
|---|---|
| Altura | ارتفاع |
| Ângulo | زاوية |
| Cálculo | حساب |
| Círculo | دائرة |
| Curva | منحنى |
| Diâmetro | قطر |
| Dimensão | البعد |
| Equação | معادلة |
| Horizontal | أفقي |
| Lógica | منطق |
| Massa | كتلة |
| Mediana | الوسيط |
| Paralelo | مواز |
| Proporção | نسبة |
| Segmento | قطعة |
| Simetria | تناظر |
| Superfície | سطح |
| Teoria | نظرية |
| Triângulo | مثلث |
| Vertical | عمودي |

## Governo
الحكومة

| | |
|---|---|
| Cidadania | المواطنة |
| Civil | مدني |
| Constituição | دستور |
| Democracia | ديمقراطية |
| Discurso | خطاب |
| Discussão | نقاش |
| Distrito | منطقة |
| Estado | حالة |
| Igualdade | المساواة |
| Independência | استقلال |
| Judicial | قضائي |
| Justiça | عدالة |
| Lei | قانون |
| Liberdade | حرية |
| Líder | زعيم |
| Monumento | نصب |
| Nacional | وطني |
| Nação | أمة |
| Política | سياسة |
| Símbolo | رمز |

## Herbalismo
الأعشاب

| | |
|---|---|
| Açafrão | زعفران |
| Alecrim | إكليل الجبل |
| Alho | ثوم |
| Aromático | عطري |
| Benéfico | مفيد |
| Coentro | كزبرة |
| Estragão | الطرخون |
| Flor | زهرة |
| Funcho | الشمرة |
| Ingrediente | العنصر |
| Jardim | حديقة |
| Lavanda | خزامى |
| Manjericão | ريحان |
| Manjerona | مردقوش |
| Planta | مصنع |
| Qualidade | جودة |
| Sabor | نكهة |
| Salsa | بقدونس |
| Tomilho | زعتر |
| Verde | أخضر |

## *Instrumentos Musicais*
آلات موسيقية

| | |
|---|---|
| Bandolim | مندولين |
| Banjo | البانجو |
| Clarinete | مزمار |
| Fagote | باسون |
| Flauta | ناي |
| Gaita | هارمونيكا |
| Gongo | ناقوس |
| Harpa | جنك |
| Marimba | ماريمبا |
| Oboé | المزمار |
| Pandeiro | دف صغير |
| Percussão | قرع |
| Piano | بيانو |
| Saxofone | ساكسفون |
| Tambor | طبل |
| Trombone | الترومبون |
| Trompete | بوق |
| Violão | قيثارة |
| Violino | كمان |
| Violoncelo | التشيلو |

## *Jardim*
حديقة

| | |
|---|---|
| Ancinho | أشعل النار |
| Arbusto | شوب |
| Árvore | شجرة |
| Banco | مقعد |
| Cerca | سياج |
| Ervas Daninhas | الأعشاب |
| Flor | زهرة |
| Garagem | كراج |
| Grama | عشب |
| Jardim | حديقة |
| Lagoa | بركة |
| Maca | أرجوحة |
| Mangueira | خرطوم |
| Pá | مجرفة |
| Pomar | بستان |
| Solo | تربة |
| Terraço | مصطبة |
| Trampolim | الترامبولين |
| Varanda | رواق |
| Videira | كرمة |

## *Jardinagem*
البستنة

| | |
|---|---|
| Água | ماء |
| Botânico | نباتي |
| Buquê | باقة أزهار |
| Clima | مناخ |
| Comestível | صالح للأكل |
| Composto | سماد |
| Espécies | الأنواع |
| Exótico | غريب |
| Flor | زهر |
| Floral | الأزهار |
| Folha | ورقة |
| Folhagem | أوراق الشجر |
| Mangueira | خرطوم |
| Pomar | بستان |
| Recipiente | وعاء |
| Sazonal | موسمي |
| Sementes | بذور |
| Solo | تربة |
| Sujeira | التراب |
| Umidade | رطوبة |

## *Jazz*
موسيقى الجاز

| | |
|---|---|
| Artista | فنان |
| Álbum | ألبوم |
| Bateria | الطبول |
| Canção | أغنية |
| Composição | تكوين |
| Compositor | ملحن |
| Concerto | حفلة موسيقية |
| Estilo | نمط |
| Ênfase | التركيز |
| Famoso | مشهور |
| Favoritos | المفضلة |
| Gênero | النوع |
| Improvisação | الارتجال |
| Música | موسيقى |
| Novo | الجديد |
| Orquestra | أوركسترا |
| Ritmo | إيقاع |
| Talento | المواهب |
| Técnica | تقنية |
| Velho | قديم |

## *Literatura*
الأدب

| | |
|---|---|
| Analogia | القياس |
| Análise | تحليل |
| Anedota | حكاية |
| Autor | مؤلف |
| Comparação | مقارنة |
| Conclusão | استنتاج |
| Descrição | وصف |
| Diálogo | حوار |
| Estilo | نمط |
| Ficção | خيال |
| Metáfora | استعارة |
| Narrador | الراوي |
| Opinião | رأي |
| Poema | قصيدة |
| Poético | شاعري |
| Rima | قافية |
| Ritmo | إيقاع |
| Romance | رواية |
| Tema | موضوع |
| Tragédia | مأساة |

## *Livros*
كتب

| | |
|---|---|
| Autor | مؤلف |
| Aventura | مغامرة |
| Coleção | مجموعة |
| Contexto | سياق الكلام |
| Dualidade | الازدواجية |
| Escrito | مكتوب |
| Épico | ملحمة |
| História | قصة |
| Histórico | تاريخي |
| Inventivo | مبدع |
| Leitor | قارئ |
| Literário | أدبي |
| Narrador | الراوي |
| Página | صفحة |
| Poema | قصيدة |
| Poesia | شعر |
| Relevante | ذات الصلة |
| Romance | رواية |
| Série | سلسلة |
| Trágico | مأساوي |

## *Mamíferos*

الثدييات

| | |
|---|---|
| **Baleia** | حوت |
| **Camelo** | جمل |
| **Canguru** | كنغر |
| **Castor** | سمور |
| **Cavalo** | حصان |
| **Cão** | كلب |
| **Coelho** | أرنب |
| **Coiote** | ذئب البراري |
| **Elefante** | الفيل |
| **Gato** | قط |
| **Girafa** | زرافة |
| **Golfinho** | دولفين |
| **Gorila** | الغوريل |
| **Leão** | أسد |
| **Lobo** | ذئب |
| **Macaco** | قرد |
| **Ovelha** | خروف |
| **Raposa** | فوكس |
| **Touro** | ثور |
| **Zebra** | حمار وحشي |

## *Matemática*

الرياضيات

| | |
|---|---|
| **Aritmética** | حساب |
| **Ângulos** | زوايا |
| **Circunferência** | محيط |
| **Decimal** | عشري |
| **Diâmetro** | قطر |
| **Equação** | معادلة |
| **Expoente** | أس |
| **Fração** | جزء |
| **Geometria** | هندسة |
| **Graus** | درجات |
| **Números** | الأرقام |
| **Paralelo** | مواز |
| **Perpendicular** | عمودي |
| **Polígono** | مضلع |
| **Quadrado** | مربع |
| **Retângulo** | مستطيل |
| **Simetria** | تناظر |
| **Soma** | مجموع |
| **Triângulo** | مثلث |
| **Volume** | الصوت |

## *Material de Arte*

لوازم الفن

| | |
|---|---|
| **Acrílico** | أكريليك |
| **Apagador** | ممحاة |
| **Aquarelas** | ألوان مائية |
| **Argila** | طين |
| **Água** | ماء |
| **Cadeira** | كرسي |
| **Carvão** | فحم |
| **Cavalete** | الحامل |
| **Câmera** | كاميرا |
| **Cola** | صمغ |
| **Cores** | الألوان |
| **Criatividade** | إبداع |
| **Escovas** | فرش |
| **Lápis** | أقلام الرصاص |
| **Mesa** | طاولة |
| **Óleo** | نفط |
| **Papel** | ورق |
| **Pastels** | الباستيل |
| **Tinta** | حبر |
| **Tintas** | الدهانات |

## *Medições*

القياسات

| | |
|---|---|
| **Altura** | ارتفاع |
| **Byte** | بايت |
| **Centímetro** | سنتيمتر |
| **Comprimento** | الطول |
| **Decimal** | عشري |
| **Grama** | غرام |
| **Grau** | درجة |
| **Largura** | عرض |
| **Litro** | لتر |
| **Massa** | كتلة |
| **Metro** | متر |
| **Minuto** | دقيقة |
| **Onça** | أوقية |
| **Peso** | وزن |
| **Polegada** | بوصة |
| **Profundidade** | عمق |
| **Quilograma** | كيلوغرام |
| **Quilômetro** | كيلومتر |
| **Tonelada** | طن |
| **Volume** | الصوت |

## *Meditação*

التأمل

| | |
|---|---|
| **Aceitação** | قبول |
| **Acordado** | مستيقظ |
| **Atenção** | انتباه |
| **Bondade** | اللطف |
| **Clareza** | وضوح |
| **Compaixão** | عطف |
| **Emoções** | العواطف |
| **Ensinamentos** | تعاليم |
| **Gratidão** | شكر |
| **Mental** | عقلي |
| **Mente** | عقل |
| **Movimento** | حركة |
| **Música** | موسيقى |
| **Natureza** | طبيعة |
| **Observação** | المراقبة |
| **Paz** | سلام |
| **Pensamentos** | أفكار |
| **Perspectiva** | المنظور |
| **Postura** | الموقف |
| **Silêncio** | الصمت |

## *Mitologia*

الميثولوجيا

| | |
|---|---|
| **Ciúmes** | الغيرة |
| **Comportamento** | سلوك |
| **Crenças** | المعتقدات |
| **Criação** | خلق |
| **Criatura** | مخلوق |
| **Cultura** | ثقافة |
| **Desastre** | كارثة |
| **Força** | قوة |
| **Guerreiro** | محارب |
| **Heroína** | بطلة |
| **Herói** | بطل |
| **Imortalidade** | خلود |
| **Labirinto** | متاهة |
| **Lenda** | أسطورة |
| **Mágico** | سحري |
| **Monstro** | مسخ |
| **Mortal** | مميت |
| **Relâmpago** | برق |
| **Trovão** | رعد |
| **Vingança** | انتقام |

## *Moda*
## أزياء

| | |
|---|---|
| **Bordado** | تطريز |
| **Botões** | أزرار |
| **Boutique** | بوتيك |
| **Caro** | مكلفة |
| **Confortável** | مريح |
| **Elegante** | أنيق |
| **Estilo** | نمط |
| **Medidas** | قياسات |
| **Minimalista** | الحد الأدنى |
| **Moderno** | حديث |
| **Modesto** | متواضع |
| **Original** | أصلي |
| **Prático** | عملي |
| **Renda** | الدانتيل |
| **Roupa** | ملابس |
| **Simples** | بسيط |
| **Tecido** | قماش |
| **Tendência** | اتجاه |
| **Textura** | نسيج |

## *Música*
## موسيقى

| | |
|---|---|
| **Álbum** | ألبوم |
| **Balada** | أغنية |
| **Cantar** | غنى |
| **Cantor** | المغني |
| **Clássico** | كلاسيكي |
| **Coro** | جوقة |
| **Gravação** | تسجيل |
| **Harmonia** | انسجام |
| **Improvisar** | تحسين |
| **Instrumento** | أداة |
| **Lírico** | غنائية |
| **Melodia** | لحن |
| **Microfone** | ميكروفون |
| **Musical** | موسيقي |
| **Ópera** | أوبرا |
| **Poético** | شاعري |
| **Ritmo** | إيقاع |
| **Rítmico** | إيقاعي |
| **Tempo** | الإيقاع |
| **Vocal** | صوتي |

## *Natureza*
## الطبيعة

| | |
|---|---|
| **Abelhas** | النحل |
| **Abrigo** | مأوى |
| **Animais** | الحيوانات |
| **Ártico** | القطب الشمالي |
| **Beleza** | جمال |
| **Deserto** | صحراء |
| **Dinâmico** | متحرك |
| **Erosão** | تآكل |
| **Floresta** | غابة |
| **Folhagem** | أوراق الشجر |
| **Geleira** | مثلجة |
| **Nevoeiro** | ضباب |
| **Nuvens** | سحاب |
| **Pacífico** | سلمي |
| **Rio** | نهر |
| **Santuário** | ملاذ |
| **Selvagem** | بري |
| **Sereno** | هادئ |
| **Tropical** | استوائي |
| **Vital** | حيوي |

## *Negócios*
## الأعمال

| | |
|---|---|
| **Carreira** | مهنة |
| **Custo** | التكلفة |
| **Desconto** | خصم |
| **Dinheiro** | مال |
| **Economia** | الاقتصاد |
| **Empregado** | موظف |
| **Empregador** | صاحب العمل |
| **Empresa** | شركة |
| **Escritório** | مكتب |
| **Fábrica** | مصنع |
| **Finança** | المالية |
| **Impostos** | الضرائب |
| **Investimento** | استثمار |
| **Loja** | متجر |
| **Lucro** | ربح |
| **Mercadoria** | بضائع |
| **Moeda** | عملة |
| **Orçamento** | ميزانية |
| **Rendimento** | الإيرادات |
| **Venda** | بيع |

## *Nutrição*
## التغذية

| | |
|---|---|
| **Amargo** | مر |
| **Apetite** | شهية |
| **Carboidratos** | الكربوهيدرات |
| **Comestível** | صالح للأكل |
| **Dieta** | حمية |
| **Digestão** | هضم |
| **Equilibrado** | متوازن |
| **Fermentação** | تخمير |
| **Ingredientes** | مكونات |
| **Líquidos** | سوائل |
| **Molho** | صلصة |
| **Nutriente** | المغذي |
| **Peso** | وزن |
| **Proteínas** | البروتينات |
| **Qualidade** | جودة |
| **Sabor** | نكهة |
| **Saudável** | صحي |
| **Saúde** | الصحة |
| **Toxina** | سم |
| **Vitamina** | فيتامين |

## *Números*
## أرقام

| | |
|---|---|
| **Cinco** | خمسة |
| **Decimal** | عشري |
| **Dez** | عشرة |
| **Dezesseis** | ستة عشر |
| **Dezessete** | سبعة عشر |
| **Dezoito** | ثمانية عشر |
| **Dois** | اثنان |
| **Doze** | اثنا عشر |
| **Nove** | تسعة |
| **Oito** | ثمانية |
| **Quatorze** | أربعة عشر |
| **Quatro** | أربعة |
| **Quinze** | خمسة عشر |
| **Seis** | ستة |
| **Sete** | سبعة |
| **Treze** | ثلاثة عشر |
| **Três** | ثلاثة |
| **Um** | واحد |
| **Vinte** | عشرون |
| **Zero** | صفر |

## *Oceano*
محيط

| | |
|---|---|
| **Alga** | الطحالب |
| **Atum** | تونة |
| **Baleia** | حوت |
| **Barco** | قارب |
| **Camarão** | جمبري |
| **Caranguejo** | سرطان |
| **Coral** | المرجان |
| **Enguia** | ثعبان |
| **Esponja** | إسفنج |
| **Golfinho** | دولفين |
| **Marés** | المد والجزر |
| **Medusa** | قنديل البحر |
| **Ondas** | أمواج |
| **Ostra** | محار |
| **Peixe** | سمك |
| **Polvo** | أخطبوط |
| **Sal** | ملح |
| **Tartaruga** | سلحفاة |
| **Tempestade** | عاصفة |
| **Tubarão** | قرش |

## *Paisagens*
المناظر الطبيعية

| | |
|---|---|
| **Cascata** | شلال |
| **Caverna** | كهف |
| **Colina** | تل |
| **Deserto** | صحراء |
| **Geleira** | مثلجة |
| **Golfo** | الخليج |
| **Iceberg** | جبل جليد |
| **Ilha** | جزيرة |
| **Lago** | بحيرة |
| **Mar** | بحر |
| **Montanha** | جبل |
| **Oásis** | واحة |
| **Oceano** | محيط |
| **Pântano** | مستنقع |
| **Península** | شبه جزيرة |
| **Praia** | شاطئ |
| **Rio** | نهر |
| **Tundra** | تندرا |
| **Vale** | وادي |
| **Vulcão** | بركان |

## *Países #1*
البلدان #1

| | |
|---|---|
| **Alemanha** | ألمانيا |
| **Brasil** | البرازيل |
| **Camboja** | كمبوديا |
| **Canadá** | كندا |
| **Egito** | مصر |
| **Equador** | الإكوادور |
| **Espanha** | إسبانيا |
| **Finlândia** | فنلندا |
| **Iraque** | العراق |
| **Israel** | إسرائيل |
| **Itália** | إيطاليا |
| **Índia** | الهند |
| **Mali** | مالي |
| **Marrocos** | المغرب |
| **Nicarágua** | نيكاراغوا |
| **Noruega** | النرويج |
| **Panamá** | بنما |
| **Polônia** | بولندا |
| **Senegal** | السنغال |
| **Venezuela** | فنزويلا |

## *Países #2*
البلدان #2

| | |
|---|---|
| **Albânia** | ألبانيا |
| **Dinamarca** | الدنمارك |
| **França** | فرنسا |
| **Grécia** | اليونان |
| **Haiti** | هايتي |
| **Indonésia** | إندونيسيا |
| **Irlanda** | أيرلندا |
| **Jamaica** | جامايكا |
| **Japão** | اليابان |
| **Laos** | لاوس |
| **Líbano** | لبنان |
| **México** | المكسيك |
| **Nepal** | نيبال |
| **Nigéria** | نيجيريا |
| **Paquistão** | باكستان |
| **Rússia** | روسيا |
| **Síria** | سوريا |
| **Somália** | الصومال |
| **Ucrânia** | أوكرانيا |
| **Uganda** | أوغندا |

## *Pássaros*
الطيور

| | |
|---|---|
| **Avestruz** | نعامة |
| **Águia** | نسر |
| **Cegonha** | اللقلق |
| **Cisne** | بجعة |
| **Corvo** | غراب |
| **Cuco** | الوقواق |
| **Flamingo** | نحام |
| **Frango** | دجاج |
| **Gaivota** | نورس |
| **Ganso** | إوز |
| **Garça** | هيرون |
| **Ovo** | بيضة |
| **Papagaio** | ببغاء |
| **Pardal** | عصفور |
| **Pato** | بطة |
| **Pavão** | الطاووس |
| **Pelicano** | البجع |
| **Pinguim** | البطريق |
| **Pombo** | حمامة |
| **Tucano** | طوقان |

## *Plantas*
النباتات

| | |
|---|---|
| **Arbusto** | شوب |
| **Árvore** | شجرة |
| **Baga** | بيري |
| **Bambu** | بامبو |
| **Botânica** | علم النبات |
| **Cacto** | صبار |
| **Erva** | عشب |
| **Feijão** | فاصوليا |
| **Fertilizante** | سماد |
| **Flor** | زهرة |
| **Flora** | النباتية |
| **Floresta** | غابة |
| **Folha** | ورقة |
| **Folhagem** | أوراق الشجر |
| **Hera** | لبلاب |
| **Jardim** | حديقة |
| **Musgo** | طحلب |
| **Pétala** | البتلة |
| **Raiz** | جذر |
| **Vegetação** | نبت |

## *Profissões #1*

المهن #1

| | |
|---|---|
| **Advogado** | محامي |
| **Alfaiate** | خياط |
| **Artista** | فنان |
| **Astrônomo** | فلكي |
| **Banqueiro** | مصرفي |
| **Bombeiro** | رجال الاطفاء |
| **Caçador** | صياد |
| **Cartógrafo** | رسام خرائط |
| **Cientista** | عالم |
| **Dançarino** | راقصة |
| **Editor** | محرر |
| **Embaixador** | سفير |
| **Encanador** | سباك |
| **Enfermeira** | ممرض |
| **Geólogo** | جيولوجي |
| **Joalheiro** | صائغ |
| **Marinheiro** | بحار |
| **Pianista** | عازف البيانو |
| **Psicólogo** | علم النفس |
| **Veterinário** | طبيب بيطري |

## *Profissões #2*

المهن #2

| | |
|---|---|
| **Agricultor** | مزارع |
| **Astronauta** | رائد فضاء |
| **Bibliotecário** | أمين المكتبة |
| **Biólogo** | أحيائي |
| **Cirurgião** | جراح |
| **Dentista** | طبيب أسنان |
| **Engenheiro** | مهندس |
| **Filósofo** | فيلسوف |
| **Ilustrador** | المصور |
| **Inventor** | مخترع |
| **Investigador** | باحث |
| **Investigador** | محقق |
| **Jardineiro** | بستاني |
| **Jornalista** | صحفي |
| **Linguista** | لغوي |
| **Médico** | طبيب |
| **Piloto** | طيار |
| **Pintor** | دهان |
| **Professor** | مدرس |
| **Zoólogo** | عالم الحيوان |

## *Psicologia*

علم النفس

| | |
|---|---|
| **Avaliação** | تقيم |
| **Clínico** | مرضي |
| **Cognição** | معرفة |
| **Comportamento** | سلوك |
| **Compromisso** | موعد |
| **Conflito** | نزاع |
| **Ego** | الأنا |
| **Emoções** | العواطف |
| **Inconsciente** | فاقد الوعي |
| **Infância** | مرحلة الطفولة |
| **Influências** | تأثيرات |
| **Pensamentos** | أفكار |
| **Percepção** | الإدراك |
| **Personalidade** | شخصية |
| **Problema** | مشكلة |
| **Realidade** | واقع |
| **Sensação** | إحساس |
| **Sonhos** | أحلام |
| **Terapia** | علاج |

## *Química*

كيمياء

| | |
|---|---|
| **Alcalino** | قلوي |
| **Ácido** | حمض |
| **Calor** | حرارة |
| **Carbono** | كربون |
| **Catalisador** | محفز |
| **Cloro** | كلور |
| **Elementos** | عناصر |
| **Elétron** | إلكترون |
| **Enzima** | انزيم |
| **Gás** | غاز |
| **Hidrogênio** | هيدروجين |
| **Íon** | أيون |
| **Líquido** | سائل |
| **Molécula** | مركب |
| **Nuclear** | نووي |
| **Orgânico** | عضوي |
| **Oxigénio** | أكسجين |
| **Peso** | وزن |
| **Sal** | ملح |
| **Temperatura** | درجة الحرارة |

## *Restaurante # 2*

مطعم رقم 2

| | |
|---|---|
| **Almoço** | غداء |
| **Água** | ماء |
| **Bebida** | مشروب |
| **Bolo** | كيك |
| **Cadeira** | كرسي |
| **Colher** | ملعقة |
| **Delicioso** | لذيذ |
| **Especiarias** | توابل |
| **Fruta** | فاكهة |
| **Garçom** | النادل |
| **Garfo** | شوكة |
| **Gelo** | جليد |
| **Jantar** | عشاء |
| **Legumes** | خضروات |
| **Macarrão** | المعكرونة |
| **Ovo** | بيض |
| **Peixe** | سمك |
| **Sal** | ملح |
| **Salada** | سلطة |
| **Sopa** | حساء |

## *Restaurante #1*

مطعم #1

| | |
|---|---|
| **Alergia** | حساسية |
| **Café** | قهوة |
| **Caixa** | صراف |
| **Carne** | لحم |
| **Comer** | لتناول الطعام |
| **Cozinha** | مطبخ |
| **Faca** | سكين |
| **Frango** | دجاج |
| **Garçonete** | نادلة |
| **Guardanapo** | منديل |
| **Ingredientes** | مكونات |
| **Menu** | قائمة |
| **Molho** | صلصة |
| **Pão** | خبز |
| **Picante** | حار |
| **Placa** | طبق |
| **Reserva** | حجز |
| **Sobremesa** | حلوى |
| **Tigela** | وعاء |

## *Roupas*

## ملابس

| | |
|---|---|
| **Avental** | مئزر |
| **Blusa** | بلوزة |
| **Calça** | سروال |
| **Camisa** | قميص |
| **Casaco** | معطف |
| **Chapéu** | قبعة |
| **Cinto** | حزام |
| **Colar** | قلادة |
| **Jaqueta** | السترة |
| **Jeans** | جينز |
| **Luvas** | قفازات |
| **Meias** | جوارب |
| **Moda** | موضة |
| **Pijama** | لباس نوم |
| **Pulseira** | سوار |
| **Saia** | تنورة |
| **Sandálias** | صنادل |
| **Sapato** | حذاء |
| **Suéter** | سترة |
| **Vestido** | فستان |

## *Saúde e Bem-Estar #1*

## الصحة والعافية #1

| | |
|---|---|
| **Altura** | ارتفاع |
| **Ativo** | نشط |
| **Bactérias** | بكتيريا |
| **Clínica** | عيادة |
| **Doutor** | طبيب |
| **Farmácia** | صيدلية |
| **Fome** | جوع |
| **Fratura** | كسر |
| **Hábito** | عادة |
| **Hormones** | الهرمونات |
| **Medicina** | دواء |
| **Nervos** | أعصاب |
| **Ossos** | عظام |
| **Pele** | جلد |
| **Postura** | الموقف |
| **Reflexo** | منعكس |
| **Relaxamento** | استرخاء |
| **Terapia** | علاج |
| **Tratamento** | العلاج |
| **Vírus** | فيروس |

## *Saúde e Bem-Estar #2*

## الصحة والعافية #2

| | |
|---|---|
| **Alergia** | حساسية |
| **Anatomia** | تشريح |
| **Apetite** | شهية |
| **Corpo** | جثة |
| **Desidratação** | تجفاف |
| **Dieta** | حمية |
| **Digestão** | هضم |
| **Doença** | مرض |
| **Energia** | طاقة |
| **Genética** | علم الوراثة |
| **Higiene** | النظافة |
| **Hospital** | مستشفى |
| **Humor** | مزاج |
| **Infecção** | عدوى |
| **Massagem** | تدليك |
| **Peso** | وزن |
| **Recuperação** | التعافي |
| **Sangue** | دم |
| **Saudável** | صحي |
| **Vitamina** | فيتامين |

## *Tecnologia*

## تقنية

| | |
|---|---|
| **Arquivo** | ملف |
| **Blog** | مدونة |
| **Bytes** | بايت |
| **Câmera** | كاميرا |
| **Computador** | الحاسوب |
| **Cursor** | المؤشر |
| **Dados** | البيانات |
| **Digital** | رقمي |
| **Estatísticas** | الإحصاء |
| **Fonte** | خط |
| **Internet** | إنترنت |
| **Mensagem** | رسالة |
| **Navegador** | المتصفح |
| **Pesquisa** | بحث |
| **Segurança** | أمن |
| **Software** | برمجيات |
| **Tela** | شاشة |
| **Virtual** | افتراضية |
| **Vírus** | فيروس |

## *Tempo*

## الوقت

| | |
|---|---|
| **Agora** | الآن |
| **Ano** | سنة |
| **Antes** | قبل |
| **Anual** | سنوي |
| **Calendário** | تقويم |
| **Década** | العقد |
| **Dia** | يوم |
| **Futuro** | مستقبل |
| **Hoje** | اليوم |
| **Hora** | ساعة |
| **Manhã** | صباح |
| **Meio-Dia** | وقت الظهيرة |
| **Mês** | شهر |
| **Minuto** | دقيقة |
| **Momento** | لحظة |
| **Noite** | الليل |
| **Ontem** | أمس |
| **Passado** | الماضي |
| **Semana** | أسبوع |
| **Século** | قرن |

## *Tipos de Cabelo*

## أنواع الشعر

| | |
|---|---|
| **Branco** | أبيض |
| **Brilhante** | لامع |
| **Cachos** | تجعيد الشعر |
| **Careca** | أصلع |
| **Cinza** | رمادي |
| **Colori** | ملون |
| **Encaracolado** | مجعد |
| **Fino** | رقيق |
| **Grosso** | سميك |
| **Loiro** | أشقر |
| **Longo** | طويل |
| **Marrom** | بني |
| **Ondulado** | متموج |
| **Prata** | فضة |
| **Preto** | أسود |
| **Saudável** | صحي |
| **Seco** | جاف |
| **Suave** | ناعم |
| **Trançado** | مضفر |
| **Tranças** | الضفائر |

## *Universo*
## الكون

| | |
|---|---|
| **Asteróide** | الكويكب |
| **Astronomia** | علم الفلك |
| **Astrônomo** | فلكي |
| **Atmosfera** | الغلاف الجوي |
| **Celestial** | سماوي |
| **Céu** | سماء |
| **Cósmico** | كوني |
| **Equador** | خط الاستواء |
| **Horizonte** | أفق |
| **Inclinar** | إمالة |
| **Latitude** | خط العرض |
| **Longitude** | خط الطول |
| **Lua** | قمر |
| **Órbita** | فلك |
| **Solar** | شمسي |
| **Solstício** | الانقلاب |
| **Telescópio** | مقراب |
| **Trevas** | ظلام |
| **Visível** | مرئي |
| **Zodíaco** | البروج |

## *Vegetais*
## خضروات

| | |
|---|---|
| **Abóbora** | يقطين |
| **Aipo** | كرفس |
| **Alcachofra** | خرشوف |
| **Alho** | ثوم |
| **Batata** | البطاطس |
| **Beringela** | باذنجان |
| **Brócolis** | بروكلي |
| **Cebola** | بصل |
| **Cenoura** | جزر |
| **Chalota** | الكراث |
| **Cogumelo** | فطر |
| **Ervilha** | بازلاء |
| **Espinafre** | سبانخ |
| **Gengibre** | زنجبيل |
| **Nabo** | لفت |
| **Pepino** | خيار |
| **Rabanete** | فجل |
| **Salada** | سلطة |
| **Salsa** | بقدونس |
| **Tomate** | طماطم |

## *Veículos*
## المركبات

| | |
|---|---|
| **Ambulância** | سيارة إسعاف |
| **Avião** | طائرة |
| **Balsa** | العبارة |
| **Barco** | قارب |
| **Bicicleta** | دراجة |
| **Caminhão** | شاحنة |
| **Caravana** | قافلة |
| **Carro** | سيارة |
| **Foguete** | صاروخ |
| **Helicóptero** | هليكوبتر |
| **Jangada** | طوف |
| **Lambreta** | سكوتر |
| **Metrô** | مترو |
| **Motor** | محرك |
| **Ônibus** | حافلة |
| **Pneus** | الإطارات |
| **Submarino** | غواصة |
| **Táxi** | تاكسي |
| **Transporte** | المكوك |
| **Trator** | جرار |

## *Xadrez*
## شطرنج

| | |
|---|---|
| **Aprender** | ليتعلم |
| **Branco** | أبيض |
| **Campeão** | بطل |
| **Concurso** | منافسة |
| **Desafios** | التحديات |
| **Diagonal** | قطري |
| **Estratégia** | إستراتيجية |
| **Jogador** | لاعب |
| **Jogo** | لعبة |
| **Oponente** | الخصم |
| **Passivo** | مبني للمجهول |
| **Pontos** | النقاط |
| **Preto** | أسود |
| **Rainha** | ملكة |
| **Regras** | قواعد |
| **Rei** | ملك |
| **Sacrifício** | تضحية |
| **Tempo** | الوقت |
| **Torneio** | مسابقة |

# Parabéns

## Conseguiu!

Esperamos que tenha gostado tanto deste livro como nós gostamos de o desenhar. Esforçamo-nos por criar livros da mais alta qualidade possível.
Esta edição foi concebida para proporcionar uma aprendizagem inteligente, de qualidade e divertida!

Gostou deste livro?

-------

## Um simples pedido

Estes livros existem graças às críticas que publica.
Pode ajudar-nos, deixando agora uma revisão?

Aqui está um pequeno link para
a sua página de revisão:

BestBooksActivity.com/Avaliacoes50

# DESAFIO FINAL!

## Desafio n° 1

Está pronto para o seu jogo grátis? Usamo-los a toda a hora, mas não são tão fáceis de encontrar - aqui estão os **Sinônimos!**
Escreva 5 palavras que encontrou nos puzzles (n° 21, n° 36, n° 76) e tente encontrar 2 sinónimos para cada palavra.

### Escreva 5 palavras de *Puzzle 21*

| Palavras | Sinônimo 1 | Sinônimo 2 |
|----------|-----------|-----------|
|          |           |           |
|          |           |           |
|          |           |           |
|          |           |           |
|          |           |           |

### Escreva 5 palavras de *Puzzle 36*

| Palavras | Sinônimo 1 | Sinônimo 2 |
|----------|-----------|-----------|
|          |           |           |
|          |           |           |
|          |           |           |
|          |           |           |
|          |           |           |

### Escreva 5 palavras de *Puzzle 76*

| Palavras | Sinônimo 1 | Sinônimo 2 |
|----------|-----------|-----------|
|          |           |           |
|          |           |           |
|          |           |           |
|          |           |           |
|          |           |           |

# Desafio n° 2

Agora que já aqueceu, escreva 5 palavras que encontrou nos Puzzles (n° 9, n° 17 e n° 25) e tente encontrar 2 antônimos para cada palavra. Quantos se podem encontrar em 20 minutos?

*Escreva 5 palavras de* **Puzzle 9**

| Palavras | Antônimo 1 | Antônimo 2 |
|---|---|---|
|  |  |  |
|  |  |  |
|  |  |  |
|  |  |  |
|  |  |  |

*Escreva 5 palavras de* **Puzzle 17**

| Palavras | Antônimo 1 | Antônimo 2 |
|---|---|---|
|  |  |  |
|  |  |  |
|  |  |  |
|  |  |  |
|  |  |  |

*Escreva 5 palavras de* **Puzzle 25**

| Palavras | Antônimo 1 | Antônimo 2 |
|---|---|---|
|  |  |  |
|  |  |  |
|  |  |  |
|  |  |  |
|  |  |  |

# Desafio n° 3

Óptimo! Este desafio final não é nada para si.

Pronto para o desafio final? Escolha 10 palavras que tenha descoberto nos diferentes puzzles e escreva-as abaixo.

| | |
|---|---|
| 1. | 6. |
| 2. | 7. |
| 3. | 8. |
| 4. | 9. |
| 5. | 10. |

Agora escreva um texto a pensar numa pessoa, num animal ou num lugar de seu agrado.

*Pode utilizar a última página deste livro como um rascunho.*

## A Sua Composição:

# CADERNO DE NOTAS:

# ATÉ BREVE!

*A equipa Inteira*

# DESCUBRA JOGOS GRATUITOS

**GO**

BESTACTIVITYBOOKS.COM/FREEGAMES